NOIRE

suivi de

L'ASSIGNATION

Tania de Montaigne est écrivaine, journaliste et chanteuse. Elle est l'autrice de plusieurs essais, biographie et romans, dont *Tokyo c'est loin* ; *Toutes les familles ont un secret* ; *Noire, la vie méconnue de Claudette Colvin*, pour lequel elle a reçu le prix Simone Veil en 2015, et *L'Assignation, les Noirs n'existent pas*, Prix de la laïcité 2018.

TANIA DE MONTAIGNE

Noire

suivi de

L'Assignation

GRASSET

Contenus pédagogiques disponibles sur livredepoche.com

ISBN : 978-2-253-10753-8 – 1re publication LGF

NOIRE

La vie méconnue de Claudette Colvin

« Nous ne serons pas égaux tant que nous ne nous serons pas enlevé la peau l'un à l'autre. »

Heiner MÜLLER,
La Mission.

Prenez une profonde inspiration, soufflez, et suivez ma voix, rien que ma voix, désormais, vous êtes noir, un noir de l'Alabama dans les années 1950. Quittez le lieu qui est le vôtre, passez les ruisseaux, les fleuves, l'océan, sentez la brise. Survolez New York, la statue de la Liberté, l'Empire State Building, longez la côte, cap au sud. L'air se réchauffe. Virginie, Caroline du Nord, Caroline du Sud, ça y est, vous êtes entré dans la « Cotton Belt », la Ceinture de coton. Dans cette région, depuis le XVIIIe siècle, on produit du coton, beaucoup de coton, et qui dit coton, dit esclaves. Toute une industrie qui repose sur une main-d'œuvre qu'on ne paie pas, une telle chose n'aurait jamais lieu aujourd'hui, n'est-ce pas ? Mais avançons. Vous apercevez désormais la Géorgie, l'État qui vit naître *Martin Luther King*, et vous fredonnez peut-être « Georgia on my Mind ». Si c'est le cas, vous entendez sûrement en écho la voix de Ray Charles. Étrange paradoxe pour celui qui fut banni à vie de cet État pour avoir refusé de chanter dans une salle interdite au public noir. « *Just an old sweet song keeps Georgia on my mind…* »

Puis vous bifurquez, vous quittez la côte pour entrer dans les terres, vous roulez vers l'ouest, tout droit, et alors, vous voici en Alabama, capitale, Montgomery. Ici, comme dans toute la Cotton Belt, on essaie de retenir l'histoire, de lui tenir la bride bien serrée, malgré la fin de la guerre de Sécession, l'abolition de l'esclavage, malgré la fin de la Seconde Guerre mondiale qui a vu des millions de jeunes noirs américains partir en Europe pour combattre et s'y découvrir une valeur et des droits qu'ils ne se savaient pas pouvoir exiger. Malgré tout ça, Jim Crow résiste.

Jim Crow ?

Jim Crow n'est pas un homme, c'est une invention, le héros d'une chanson du début du XIXe siècle, une chanson d'avant la radio, d'avant le cinéma, quand on allait au théâtre pour se divertir, quand les spectacles ambulants traversaient les villes. « Jump Jim Crow », une chanson écrite et popularisée par Thomas Dartmouth Rice, comédien blanc qui eut l'idée lumineuse de faire d'un noir du Sud le personnage central de son spectacle. Et que faut-il pour jouer Jim Crow ? D'abord, il faut se noircir le visage, puis tracer autour de sa bouche un grand cercle rouge, vers le haut si on veut signifier la joie, vers le bas si on veut prêter au personnage une certaine perplexité. Important le cercle rouge, parce qu'il maintient visuellement l'idée qu'entre un noir et un singe, il n'y a pas grande différence. Important le rouge. Et que faut-il d'autre ? De l'agilité, évidemment, c'est un rôle physique. Daddy Jim Crow est un noir qui saute, chante et danse car il est joyeux, comme tous les noirs, non ? Il faut aussi savoir manier l'humour, avoir des talents d'imitation, car Jim Crow est un noir à l'accent traînant, paresseux et stupide, comme tous les noirs, non ?

Dans mon enfance, il n'y avait plus le visage passé au cirage noir ni la bouche peinte en rouge, Jim Crow n'existait pas, c'était la France, la France des années 1980, mais un comique, blanc, qu'on voyait souvent, et que les femmes trouvaient très séduisant d'ailleurs, avait pour habitude d'imiter un « Africain ». Le personnage n'avait pas de nom, on ne disait pas de quel pays il était, c'était inutile, c'était simplement « L'Africain ». Bien sûr, je pense que ce comique n'aurait jamais pensé à imiter un personnage appelé « L'Européen ». D'ailleurs, si on le lui avait suggéré, il aurait ri en disant : « Ne soyez pas ridicule, l'Europe est un continent, pas un pays, un Norvégien n'a rien à voir avec un Portugais. » Mais, pour l'Afrique, c'était différent, ça semblait aller de soi. Il y avait une évidence à penser qu'en ces lieux étaient regroupés des gens semblables en tout point, puisque noirs, une masse compacte et uniforme qui, d'un bout à l'autre du continent, parlait la même langue, avait la même histoire, la même géographie, le même visage. Dans cette Afrique qui sentait bon l'exposition coloniale, vivaient, bien sûr, des gens à l'accent ridicule et aux narines gigantesques. En me rappelant ces souvenirs des années 1980, surgissent, accolées, des images des années 1930, aperçues dans les films ou les livres d'histoire, des souvenirs d'affiches où se déploie en gros plan « Le Juif » avec son nez crochu. « Le Juif », « L'Africain », leur nez parle contre eux. Le nez comme marqueur de l'étrangeté, de l'impossible citoyenneté.

À « L'Africain » des années 1980, le comique à la belle allure faisait dire cette phrase dont je me souviens encore avec effroi : « C'est pas mes lunettes, c'est mes narines ! » Quelle trouvaille. Les gens riaient de cette blague et ceux qui n'en riaient pas étaient accusés de ne pas avoir le sens de l'humour, sous-entendant par là que le comique ne faisait qu'exagérer une évidence et que, s'en offusquer, revenait à ne pas tenir compte du réel. « Bah quoi, si on peut plus rire. » Je me souviens d'un jour de colonie de vacances, un jour d'après la pluie, où un garçon, que je tenais pour ami, s'est pris à fixer mon nez, d'abord nonchalamment, puis avec insistance. Toute l'attention d'un enfant de dix ans portée sur mon nez que je sentais grandir à mesure que son regard cherchait à vérifier si le comique avait tort ou raison, si mes narines pouvaient faire office de lunettes. Les minutes passaient, longues, menaçantes, et mon nez de dix ans s'élargissait jusqu'à envahir mon visage, puis mon corps, puis tout l'espace. J'étais ce nez, j'étais ce noir, j'étais tous les noirs. Et la honte montait, pas placée au bon endroit, pas retournée contre cet homme qui prétendait faire de l'humour quand il s'agissait d'enfiler les clichés racistes comme on enfilerait des perles. Non, c'est la honte de moi qui montait, de ce nez qui, visiblement, n'allait pas, trop gros, trop large, de cette couleur qui, visiblement, disait le ridicule et la stupidité, sans qu'on ait besoin d'en fournir la preuve. « C'est pas mes lunettes, c'est mes narines ! » disait « L'Africain » en balançant ses bras de droite à gauche comme le grand singe qu'il était resté. Dans mon enfance, très loin de l'Alabama et des années 1950, le noir ne s'appelait pas Jim Crow, mais il descendait toujours de l'arbre. Et les pluies de bananes qui s'abattent aujourd'hui encore, partout dans le monde, sur les sportifs ou les femmes et hommes politiques, noirs ou assimilés, disent à quel point l'imaginaire tourne toujours autour de cette idée.

Jump Jim Crow !

Dans les États-Unis du XIXe siècle, le cliché du noir-singe fait déjà recette. Avec ce personnage comique, non seulement Thomas Dartmouth Rice devient riche et célèbre dans tout le pays, mais en plus, il fait des émules, créant un genre à part entière. À sa suite, on monte des troupes d'acteurs blancs jouant au noir, en étant sûr d'afficher complet. Et même les acteurs noirs s'y mettent, s'autoparodiant dans des spectacles où ils se montrent tels qu'on les imagine, joyeux, stupides et paresseux.

Jump Jim Crow.

Quand les noms sont bien trouvés, souvent, ils deviennent adjectifs. En une fraction de seconde, Jim Crow passe de la fiction à la réalité, de l'art à la politique, devenant un terme générique qui, à partir de la fin des années 1870, désigne toutes les lois qui visent à maintenir les noirs, récemment affranchis, dans leur statut de citoyens de seconde zone. Les lois Jim Crow définissent avec minutie et précision les termes de la ségrégation raciale. Elles vont prendre leur essor à partir de 1896, date d'un arrêt de la Cour suprême qui précise que la ségrégation ne viole pas le quatorzième amendement de la Constitution (celui qui affirme l'égale protection des lois pour tous les citoyens) si la séparation des personnes de « races » différentes n'implique pas une hiérarchie entre ces mêmes « races ». Dès lors, les lois des États de la Cotton Belt vont prôner le principe d'une « égalité séparée ». Le but, maintenir la suprématie blanche coûte que coûte en érigeant une séparation étanche entre les blancs et les autres. Les noirs, bien sûr, mais aussi les Chinois, les Mexicains, les Amérindiens, les Malais, les Hindous, les Mongols, les métis... Séparés, mais égaux, le vernis de la légalité au service du racisme. Hôpitaux, transports, écoles, restaurants, théâtres, cimetières, bibliothèques, parcs, ascenseurs, toilettes, cabines téléphoniques, livres scolaires... Tout, absolument tout, doit être prévu pour que blancs et non-blancs ne soient jamais amenés à partager les mêmes endroits ou les mêmes choses. Séparés depuis le berceau jusqu'au cimetière. Inégaux depuis la naissance jusqu'à la mort.

Et si, pour des raisons logistiques, on ne peut affecter deux lieux distincts, un pour les blancs, un pour les autres ? Alors, il faut qu'à l'intérieur et à l'extérieur d'un espace commun (un bus, un train, un tribunal, un hôpital, un cinéma...), on puisse distinguer, de façon claire et nette, deux entrées et deux emplacements.

En Louisiane, une loi prévoit même le cas où des écoles pour aveugles recevant des enfants blancs et des enfants noirs seraient tentées de les faire se côtoyer. Là encore, il conviendra de prévoir deux entrées et des salles d'enseignement séparées, sous peine d'amende et de prison. Au royaume des aveugles…

Vous doutez ? Regardez ces photos des années 1930, 1940, 1950 prises quelque part au sud des États-Unis. En gros plan, un distributeur de Coca-Cola. À côté de la fente destinée à la monnaie, une inscription, « *White customers only* », « réservé aux clients blancs ». Autre cliché, un train entre en gare, un homme noir dans un costume blanc attend sur le quai sous une pancarte « *Colored waiting room* », « Salle d'attente pour personnes de couleur ». Et puis encore, deux lavabos reliés à la même arrivée d'eau mais séparés de quelques centimètres. Le lavabo de droite, aux bords arrondis, est petit, sommaire comparé à celui de gauche, plus large, rectangulaire. Penché sur le lavabo de droite, qu'on croirait fait pour un enfant, un homme dont on ne voit que le haut du chapeau, boit. Au-dessus de lui, on distingue les quatre dernières lettres du mot « *colored* ». O.R.E.D. Quatre lettres qui suffisent à faire un monde. « *Colored* », quelle invention que ce mot. En France, nous disions « personnes de couleur ». À l'époque, on m'assurait que j'en étais une. On me disait, c'est bien plus respectueux que de dire noir et j'y croyais. Je pensais : « Oui c'est vrai, noir, c'est raciste, alors que gens de couleur… » Après tout, tant qu'on ne dit pas la couleur, ça va. Je savais juste que le blanc n'en était pas une, non, le blanc, visiblement, c'était autre chose, une sorte de mètre-étalon, le point d'équilibre autour duquel s'organisait le reste de l'humanité. *Colored*. On peut tout ranger avec des mots, on ordonne. Clichés noir et blanc.

Il va sans dire que les lois Jim Crow ne régissent pas que l'espace public, elles statuent aussi sur la vie privée des individus. Ainsi, un mariage entre une personne blanche et une personne ayant au moins « un huitième de sang noir » est considéré comme illégal et assorti d'une amende et d'une peine d'emprisonnement. Mieux, toute personne imprimant ou faisant circuler des documents en faveur du « mariage interracial » ou de « l'égalité des races » se verra immédiatement poursuivie et condamnée à une peine pouvant aller jusqu'à six mois de prison. Dans une ville de l'Alabama, on interdit même un livre pour enfants qui montre des lapins noirs et des lapins blancs dans le même clapier.

Il n'y a plus d'esclavage, mais on a fait le nécessaire pour que rien ne bouge. Tout est en place pour que, sous couvert de légalité, règne l'arbitraire et la terreur la plus grande, rendant tout blanc, juge et partie, faisant de tout noir un coupable idéal. Pour que le droit règne, il faut pouvoir se plaindre, et à qui peut se plaindre un noir, si ce n'est à un blanc ? Pas de légalité sans égalité, pas d'égalité sans légalité, Jump Jim Crow.

Désormais vous êtes noir

Prenez une profonde inspiration, soufflez, et suivez votre serviteur. Le mot vous gêne ? C'est vrai qu'il n'y a pas d'équivalent féminin à serviteur, et si je dis : « suivez votre servante », là, c'est autre chose, surtout si la servante est noire, et elle l'est. Si la servante est noire, vous viennent des images lointaines de femmes plantureuses aux fesses rebondies qui parlent en avalant les « r ». M'me Sca'lett, M'me Sca'lett. Les servantes noires à la poitrine généreuse roulent des yeux pour désapprouver l'entrée de Rhett Butler dans la propriété familiale. Vêtues d'une coiffe et d'un tablier blancs qui font tache sur leur peau si noire qu'elle en est presque bleue, les servantes tiennent dans leurs mains épaisses et maladroites des carafes en cristal fines et précieuses. Et quand vient l'armée nordiste, elles combattent au péril de leur vie pour que Scarlett O'Hara et ses doubles au teint de porcelaine continuent à régner sur la plantation. La servante noire est un révélateur. Par elle, on devine l'évidence de l'ordre établi, la nécessité de ce qui est. Elle est la preuve que l'homme blanc est le monde. Si la servante est noire, et elle l'est, l'imaginaire travaille sans qu'on le sollicite, et l'on entend au loin le bruit des chaînes qui tintent aux chevilles des esclaves, pendant qu'au salon, on sert le dîner en contemplant le jour qui décline sur la plantation.

Mais poursuivons, suivez votre serviteur, suivez-moi car, désormais, vous êtes noir. Être noir, contrairement à ce que l'on imagine, ça n'est pas une question de peau, c'est une question de regard, de ressenti. Ça vient de l'extérieur d'abord, de l'autre, puis le problème s'infiltre, comme une inondation sournoise, ça perce la cuirasse goutte à goutte, ça effrite par imprégnation. Il fut un temps où je n'étais pas noire. C'était avant la collision, avant l'école maternelle. Il fut un temps où j'étais simplement une petite fille de pas encore trois ans. À cette époque, la couleur ne me définissait pas, elle était un élément parmi d'autres. Je vivais dans une enclave acolorisée. D'autres choses me définissaient, des choses dont malheureusement je ne me souviens plus, trop fragiles, leur souvenir a été emporté, il n'a pas résisté à l'arrivée de la couleur, une arrivée subite, violente, qui a tout effacé et tout réinventé.

Était-ce une petite fille ou un petit garçon ? Je ne sais plus, mais quelqu'un a dit en me regardant : « Ah, elle est noire, elle est sale. » À ça je pouvais encore répondre, j'étais sûre de ne pas être sale, et d'autres que moi pouvaient l'attester. Tout ça ne tenait pas, tout ça allait s'arranger, alors à quoi bon s'en faire ?

Chez moi, on disait : « Ne les écoute pas ma chérie, ils ne savent pas ce qu'ils disent. » Chez moi, on disait : « Que crois-tu qu'ils font quand ils vont à la plage, à part essayer d'être noir ? » Ça se tenait. Nous étions tous répartis sur un nuancier, certains plus foncés, d'autres plus clairs, certains plus grands, d'autres plus gros, plus blonds, plus bruns, rien d'autre que l'expression de trajectoires diverses à travers le temps et l'espace. Mais ça n'était que le début. Après, il y eut le martèlement incessant, l'assignation. Après, il y eut le sentiment d'être sans arrêt extraite de moi-même pour être projetée ailleurs, là où les choses sont évidentes et simples, là où c'est plus commode. Après, j'étais noire.

Être noir, c'est être une zone d'infiltration, c'est comprendre minute après minute, heure après heure, que pour l'autre, vous n'êtes pas forcément un être humain mais vous n'êtes pas un animal non plus, non, vous êtes autre chose, une chose indéfinissable et embarrassante, une question ouverte, un problème. Être noir, c'est répondre à des injonctions contradictoires, c'est être une altérité impossible. Vous parlez la langue ? Oui. Vous êtes né dans une culture qui vous fonde des pieds à la tête ? Oui. Mais ce pays n'est pas le vôtre, non. Pourquoi ? Parce que c'est comme ça. Vous êtes impensable, vous êtes mouvant, présent mais absent, chacune de vos journées recompose et décompose ce que vous croyez être. Vous êtes le chaînon manquant. Pendant des siècles pour justifier le rapt, la maltraitance, le viol, le meurtre, la torture, on vous a inventé une identité parallèle, vous étiez l'esclave, vous étiez le nègre, une espèce à part, corvéable à merci. On regardait vos dents, étaient-elles blanches et régulières ? Vos seins, tenaient-ils haut ou tombaient-ils ? Vos jambes, étaient-elles musclées ou malingres ? Et à présent, il faudrait s'en défaire, il faudrait cesser de vous regarder dans le détail, vous envisager comme un tout, comme un autre soi-même, mais l'esclavage colle à la peau, au regard, à l'inconscient. Désormais, vous êtes noir, l'extériorité est devenue votre intériorité, vous êtes un territoire en perpétuelle partition, en guerre interne et externe.

Noir, vous êtes un noir de l'Alabama dans les années 1950, ce qui veut dire que vos parents sont noirs, ou peut-être seulement vos grands-parents, ou vos arrière-grands-parents ou vos arrière-arrière-grands-parents. De Nuremberg à Vichy, de Johannesburg à Kigali, les lois racistes ont toujours veillé à quantifier avec une précision millimétrique à partir de quel degré de mélange on peut considérer qu'une personne n'est plus vraiment un être humain. Dans l'Alabama des années 1950, que tout votre sang, la moitié de votre sang, le quart de votre sang ou le huitième de votre sang soit autre que blanc, légalement, vous êtes noir, *colored*, nègre. Vous êtes donc un nègre de Montgomery, Alabama, qui attend le bus au coin de Holt Street et Jeff Davis Avenue, ou de Park Avenue et Cloverdale Road, ou de Cloverdale et Norman Bridge Road. Lorsqu'il arrivera, vous monterez, vous paierez votre billet, puis, vous redescendrez. Vous rejoindrez l'arrière du bus en passant par l'extérieur car il est hors de question que vous soyez amené à côtoyer des blancs, ne serait-ce qu'en empruntant la travée centrale. Les noirs sont au fond et les blancs à l'avant, cela va sans dire.

Donc, après avoir payé, vous ressortirez et, peut-être pourrez-vous monter par la porte du fond, ou peut-être pas, c'est le chauffeur qui décidera, il a tout pouvoir, et il porte une arme. Il se peut qu'il choisisse de démarrer alors que vous n'êtes pas encore monté, et ce, bien que vous ayez déjà payé. Il se peut qu'en agissant de la sorte, il vous emporte un bras ou une jambe. Il se peut que vous tombiez et ne vous releviez pas. C'est injuste, n'est-ce pas ? Mais à qui pourrez-vous vous plaindre ? Vous êtes noir, ne l'oubliez pas. Vous savez donc que pour simplement faire valoir votre droit à faire un trajet que vous avez payé, il faudra vous rendre au commissariat pour déposer plainte auprès de policiers blancs et, qu'en faisant cette démarche, vous vous exposerez, au mieux, à des insultes, au pire, à moisir en prison puisque votre parole vaudra toujours moins que celle du chauffeur, blanc, ou, au pire du pire, à finir dans un bois une balle dans la tête ou pendu à un arbre, puisque votre vie ne vaut rien ou pas grand-chose. « *Black body swinging in the Southern breeze, strange fruit hanging from the poplar trees* », « Un corps noir se balance dans la brise du Sud, étrange fruit suspendu aux peupliers. »

Ah, mais je vois que vous n'êtes pas vraiment entré dans votre nouvelle peau, vous pensez encore comme un citoyen à part entière et vous vous dites que c'est par votre vote que les choses changeront. Le pouvoir des urnes, bien sûr. Seulement, pour être enregistré sur les listes électorales, il faut passer un test, le «*literacy test*», qui mesure votre aptitude à lire, écrire et comprendre la Constitution. Et pour passer ce test, il faut vous inscrire. Quand ? Il n'y a pas de date ni d'heure, à vous de trouver. Sachez quand même que, souvent, le bureau d'inscription ouvre entre dix heures et midi, quand vous êtes au travail. Comme vous êtes motivé, vous prendrez certainement un congé et vous irez vous placer dans la file d'attente. Là, il faudra encore que vous soyez bien placé parce que, si d'aventure vous n'étiez pas reçu avant midi, les portes fermeraient sans qu'on ait pris la peine de vous inscrire et vous seriez revenu à la case départ. Mais avec un peu de persévérance, vous finirez bien par arriver le bon jour à la bonne heure, n'est-ce pas ? Vous passerez alors le test et répondrez correctement aux vingt, trente, quarante, cinquante ou soixante questions. Félicitations. Puis, vous attendrez le résultat qui vous sera envoyé par la poste. Si vous étiez blanc, on vous le donnerait directement mais, dans votre cas, il faut attendre le courrier. Alors, vous attendez. Au bout d'un moment, n'ayant rien reçu, vous retournerez au guichet de la mairie pour savoir ce qui se passe et on vous dira que vous n'avez jamais passé le test. Vous vous défendrez, jurant sur ce qui vous est le plus cher que vous l'avez réellement passé, mais, devant les dénégations pernicieuses des employés du bureau des élections, vous constaterez que vous n'avez aucune preuve de votre passage. Ce sera votre parole contre la leur. Vous recommencerez donc tout le parcours ou vous baisserez les bras. Qui vous en voudrait ? Dans son autobiographie, *Rosa Parks* raconte que la troisième fois qu'elle a tenté de s'inscrire, elle a pris la précaution de recopier toutes ses réponses sur un autre formulaire pour avoir une preuve et éviter une nouvelle déconvenue. Le tout, en sachant pertinemment qu'en cas de conflit, elle n'aurait aucun moyen d'entamer une action judiciaire. À cette époque, il n'y avait pas d'avocat noir à Montgomery.

Bon, admettons que les choses s'arrangent. Votre entêtement a payé et vous voilà presque détenteur d'une carte électorale, presque. Il ne vous restera plus qu'à vous acquitter d'une taxe d'un dollar cinquante pour l'année, comme n'importe quel électeur blanc. Seule petite subtilité, pour les noirs cette taxe est rétroactive, elle court de l'âge légal de la majorité, vingt et un ans, à l'âge de votre inscription effective sur les listes. Vous vous trouverez donc en situation de devoir payer pour toutes les années où l'on aura refusé de vous inscrire. Si vous avez trente-deux ans au moment de votre inscription, il vous en coûtera seize dollars cinquante, soit l'équivalent d'une semaine de travail. Il faudra donc choisir entre nourrir votre famille et vous inscrire sur les listes électorales.

Claudette Colvin

Ça y est, vous commencez à vivre, penser, respirer comme un noir de l'Alabama dans les années 1950. Vous savez désormais que votre espace est restreint, que rien n'est acquis, que tout doit être pesé et mesuré, que le coup peut venir de n'importe où. Vous commencez à comprendre les règles du jeu, mais attention, il y a les lois écrites et les lois tacites. Par exemple, à Montgomery, sur les trente-six sièges que compte un bus, il est convenu que les dix premiers sont réservés aux blancs et que donc, logiquement, les suivants sont pour les noirs. Séparés, mais égaux. Mais, s'il n'y a plus de place assise dans les premiers rangs et qu'un blanc se trouve dans l'obligation de rester debout, le noir du rang qui suit devra lui céder sa place. À l'inverse, quand tous les sièges des rangs réservés aux blancs sont vides alors que l'arrière du bus, lui, est plein, aucun noir n'est autorisé à s'asseoir chez les blancs. Bien sûr. Séparés, mais pas égaux. Vous suivez ? Bien. Donc un noir, qui était assis à sa place chez les noirs, s'est levé pour qu'un blanc puisse s'asseoir. Mais comme un blanc ne peut légalement pas être assis à côté d'un noir, ce sont tous les noirs qui étaient assis dans le même rang que celui qui s'est levé qui doivent se lever à leur tour. En résumé, pour qu'un blanc s'assoie, quatre noirs se sont levés. Vous suivez toujours ? Tant mieux, parce que ceci est votre vie, votre vie de tous les jours. Il n'y a rien d'extraordinaire, rien de remarquable, le manège se répète à chacun de vos trajets, un jeu de chaises musicales dont le chauffeur est le chef d'orchestre. Je m'assois, tu te lèves, il se lève, je m'assois, nous nous levons, elle s'assoit. Debout, assis, assis, debout, c'est ce que connaît Claudette Colvin depuis sa plus tendre enfance.

Née à Birmingham, Alabama, elle vit depuis ses huit ans à King Hill, un des quartiers les plus pauvres de Montgomery, trois rues sur le haut d'une colline à l'extrémité de la ville, trois rues peuplées de noirs, coincées entre deux quartiers blancs. À King Hill, il n'y a que des maisons sommaires et des *juke-joints*, ces baraques où l'on joue, danse, boit, fume jusqu'aux petites heures du jour. Ça n'est pas un mauvais quartier, mais il a mauvaise réputation. À King Hill, il n'y a pas de magasin, on doit faire ses courses dans le quartier blanc. Les blancs peuvent prendre l'argent des noirs sans pour autant les traiter comme des clients, et c'est normal. Lorsque Claudette fait les courses, elle sait qu'il faut rester dehors. On vient, on tend sa liste depuis l'entrée et on attend à l'extérieur. Ça vaut pour l'alimentation et pour tout ce qui s'achète. Ainsi, pour s'offrir une paire de chaussures, il faut tracer l'empreinte de son pied sur un bout de papier, le tendre au vendeur ou à la vendeuse, lui désigner depuis l'extérieur la paire que l'on désire acheter, puis payer. En aucun cas on ne pourra l'essayer, c'est interdit et impensable car l'essayage supposerait, d'une part, que noirs et blancs soient mélangés dans un même endroit, mais, plus grave, si un noir, après essayage, se rendait compte qu'il ne souhaitait pas acheter la paire, elle serait perdue, à moins qu'un autre noir la veuille, car aucun blanc ne voudrait d'une paire portée par un noir. Pour les lunettes, même principe. Il faut venir chez l'ophtalmo en fin de journée car, si d'aventure on vous recevait en premier, plus aucun client blanc ne voudrait s'asseoir sur le siège qu'il vous aura vu utiliser. Claudette sait toutes ces choses absurdes et plus encore, elle sait que rien ne finit avec la mort. On peut aimer le chanteur de country Hank Williams, ses paillettes, son chapeau de cow-boy, écouter ses chansons à s'en étourdir, les connaître par cœur, mais le jour de sa mort, on sera interdit d'enterrement parce qu'il est blanc et vous pas, on ne voudra pas de vous au cimetière. Même vos larmes ont une couleur.

Claudette Colvin est née en 1939, elle est un pur produit de l'Alabama, elle a les deux pieds dans Jim Crow. Depuis toujours, elle sait que l'ordre des choses, c'est les blancs en haut, les noirs en bas. Elle sait que vivre dans la ségrégation requiert de la prudence, de la déférence aussi, tête baissée, yeux baissés, ne pas fixer, ne pas répondre, jamais. Les blancs n'appellent pas les adultes noirs « Monsieur » ou « Madame », non, soit ils les appellent « Ma fille » ou « Mon garçon », soit ils les appellent par leur prénom, et c'est normal. Être noir, c'est être perpétuellement enfant.

Debout, assis, assis, debout, Claudette a vu, jour après jour, les adultes prendre part au manège, en silence. Et, une fois dehors, elle les a entendus s'en plaindre comme on se plaindrait d'un violent orage ou d'une maladie incurable, toutes ces choses contre lesquelles on ne peut rien, ces choses qui sont comme elles sont, parce que c'est ainsi. Claudette est une bonne élève, en avance, une bonne chrétienne aussi. Dans la famille Colvin, on va à l'église, même si Claudette s'interroge souvent sur ce qu'on y dit sur les noirs, qui seraient maudits. À l'église, où tout le monde est noir, Jim Crow a de beaux jours devant lui. On dit que Dieu a fait les blancs meilleurs, on y maintient les fidèles dans la superstition et la crainte, on y ancre l'idée que noirs et blancs appartiennent à deux mondes intrinsèquement différents. À tel point que certains s'imaginent que les fontaines des blancs et celles des noirs distribuent des eaux différentes. Dans les rêves des enfants noirs, il y a celui de pouvoir boire un jour l'eau de l'autre fontaine et, enfin, se réveiller blanc. Comme Miles Davis qui, à la question « Quels sont vos trois vœux ? », donnait cette unique réponse : « Être blanc[1] ! » Le blanc, c'est tout à la fois ce qu'on déteste et ce qu'on aimerait être, une promesse de liberté. La contrainte est si bien intériorisée que le meilleur moyen d'être populaire quand on est noir, c'est d'avoir la peau la plus claire possible, les cheveux les plus raides. On les lisse, on les chauffe, on les repasse même. Chaque matin, Claudette constate que sa peau est toujours aussi noire, ses cheveux toujours aussi frisés. Rien à faire, Claudette Colvin n'est pas populaire, mais elle essaie de l'être à toutes forces, elle lutte chaque jour contre cette chevelure qui persiste à la ramener du mauvais côté. Toutes les semaines, elle paie deux dollars pour un lissage. Deux dollars, c'est une somme, sa mère en gagne trois par jour. Sur une photo d'école, on la voit à douze ans, visage souriant, encore poupin, lunettes cerclées, dents du bonheur et mise en plis figée. Une petite fille noire qui joue à la femme noire qui joue à la femme blanche. Où que l'on tourne le regard, toutes les femmes noires arborent les cheveux floutés des actrices hollywoodiennes blanches, la mèche domptée à coups de crèmes, de bigoudis et de peignes chauffants. Juste retour des choses pour Claudette qui doit son prénom à l'actrice Claudette Colbert, star des années 1930 et 1940, à la peau d'albâtre, héroïne de Capra, Lubitsch, Wilder, inoubliable Cléopâtre de Cecil B. DeMille. Comme toutes les femmes qu'elle connaît, Claudette a la haine de soi chevillée au corps, compagne visqueuse qui colle encore aujourd'hui aux pas des femmes et des fillettes noires, partout dans le monde. Compagne perverse qui ferait vendre son âme pour un pot de défrisant, pour un tube de crème éclaircissante. Savoir que l'on peut perdre ses cheveux ou sa peau ne change rien à l'affaire, ce sont les risques du métier, la continuation de la malédiction par d'autres moyens. Que celle qui n'a jamais tiré sur ses cheveux comme on tirerait sur son pire ennemi, que celle qui n'a pas maudit son nez jamais assez fin, ses lèvres jamais assez minces, que celle qui ne s'est jamais jeté la première pierre lève le doigt. Ne pas trouver grâce à ses propres yeux, se voir en creux, s'envisager à travers des images de soi vrillées, c'est notre lot. Rien n'allait, rien ne va. Black n'est pas beautiful, partout dans le monde la beauté noire pose encore dans les magazines, peau claire et brushing irréel. Partout dans le monde, la beauté noire secoue au ralenti ses cheveux imaginaires, à peine bouclés, dans des publicités pour shampoings qu'aucune personne noire n'utilise. La beauté noire n'existe pas, elle est en négatif, elle est ce qu'on n'a pas, la peau claire et les cheveux raides. C'était la vie de Claudette Colvin, ce fut la mienne, c'est celle d'une petite fille congolaise croisée dans un bus de Brazzaville, la tête coiffée d'un tissage qui lui fait comme une perruque trop grande. Amérique, Europe, Afrique, quelque chose reste à dépasser, quelque chose reste à inventer. Et en attendant, on défrise, on brûle, on blanchit, on dilue, on achète pour des poignées d'euros des cheveux synthétiques fabriqués à la chaîne ou des cheveux naturels cédés pour presque rien par d'autres femmes d'un autre tiers-monde, on continue à suivre le rythme effréné qu'imposent les canons d'une prétendue beauté universelle.

Donne-moi ce siège !

Debout, assis, assis, debout. Claudette Colvin s'est toujours levée quand il le fallait, s'est toujours assise quand elle le pouvait. Le mercredi 2 mars 1955, la jeune fille, qui n'a que quinze ans, sort des cours et rejoint l'arrêt de bus en utilisant le trottoir qu'empruntent les écoliers noirs, celui qui fait face à celui qu'utilisent les enfants blancs. Il y a bien une décision de la Cour suprême qui, dix mois plus tôt, en mai 1954, a rendu illégale la ségrégation à l'école, mais, en Alabama, la vie suit son cours, comme avant. Écoliers blancs et écoliers noirs continuent à se regarder en chiens de faïence, chacun sur son bout de trottoir. Claudette Colvin monte dans le bus, tend son ticket et s'assoit avec ses camarades au troisième rang de la section réservée aux noirs. Elle s'installe près de la fenêtre. À ce moment du trajet, aucun passager blanc n'est présent, les dix premiers rangs sont vides, c'est d'ailleurs ce qui permet à Claudette et ses amis d'emprunter la travée centrale pour gagner leurs places, sans avoir besoin de redescendre. Puis, le bus rejoint les abords du centre-ville, les employés blancs des magasins commencent à affluer, les places avant se remplissent rapidement. Lorsque Claudette sort de sa rêverie, elle s'aperçoit qu'une femme blanche se tient debout face à elle et la fixe sans un mot. C'est peut-être à ce silence que Claudette répond en ne se levant pas. C'est peut-être à ce regard qui ordonne, à cette façon d'être sûre de son bon droit sans avoir besoin de le signifier, que la jeune fille oppose sa résistance passive. C'est peut-être l'effet de la colère soulevée, comme le vent soulève la poussière, par un des cours qu'a suivi Claudette, on y parlait de la Constitution, du droit, de la liberté, elle s'est même dit alors qu'elle deviendrait avocate ou présidente des États-Unis. Ou alors, c'est le souvenir de ce garçon de seize ans, Jeremiah Reeves, voisin et camarade de classe de Claudette, accusé d'avoir violé une femme blanche puis six autres, et condamné à mort, sans preuve, simplement parce qu'il était noir, simplement parce qu'elles étaient blanches. Difficile de dire ce qui conditionne les actes, sûrement un mélange du passé et de l'instant.

Alors Claudette ne bouge pas.

Une femme blanche debout, une adolescente noire assise, faites vos jeux, rien ne va plus. Depuis sa place, le chauffeur, Robert W. Cleere, tente de rétablir l'ordre des choses. «J'ai besoin de ce siège ! » dit-il en fixant Claudette dans le rétroviseur. Immédiatement, les trois autres personnes qui sont assises dans le même rang que la jeune fille se lèvent, habituées au manège. Mais elle, non. Cleere poursuit : «Pourquoi t'es toujours assise ? » Un passager blanc lui emboîte le pas : « Tu dois te lever ! » À présent, chacun dans le bus sait que l'affrontement aura lieu, mais n'en connaît pas encore les modalités. Insultes ? Coups ? Les deux ? Le chauffeur sortira-t-il son arme ? Visiblement, non. Il ne fait que répéter en criant : « Donne-moi ce siège, lève-toi ! » Claudette ne répond toujours pas, elle reste assise, malgré les regards désapprobateurs des noirs et des blancs, chacun pour des raisons différentes. Les blancs, indignés, aimeraient qu'on rétablisse l'ordre, qu'on emprisonne la délinquante. Parmi eux, j'imagine que certains se disent que tout ça va un peu trop loin, après tout, ça n'est qu'une gamine. Chez les noirs, beaucoup, résignés, jugent sûrement son attitude dérisoire et infantile. Ils voudraient qu'elle comprenne que tout ça ne fait que les retarder, pour rien, que tout ça ne fait que les rendre visibles alors que c'est l'invisibilité qui les protège. Pour eux, ne pas faire de vagues est encore le meilleur moyen de s'en sortir. Je sais ce sentiment, je le connais par cœur, mélange de « pour vivre heureux, vivons cachés » et de parfaite intériorisation du mécanisme du racisme qui consiste à ne voir l'autre qu'en masse. Si un noir fait quelque chose de mal, ce sont tous les noirs qui payent. Qu'un seul trébuche et tous seront pointés du doigt. Parce qu'un seul a dit ou fait quelque chose de contrevenant, on pourra dire : « Vous les noirs, vous êtes comme ci ou comme ça », « Vous les juifs, vous faites ceci ou cela », « Vous les musulmans, vous aimez ceci, vous n'aimez pas cela »... Et nous finissons par le croire, et nous finissons par le penser, et alors ce préjugé devient nôtre et nous nous surprenons un jour à dire face à un événement qui implique un noir si nous sommes noir, un musulman si nous sommes musulman, un juif si nous sommes juif… « Ça n'est pas bon pour "nous". » Qui est ce « nous » ? Nous n'en savons rien mais nous pensons désormais qu'il faut en tenir compte. Nous ne « nous » envisageons que parfaits et irréprochables. Ça y est, nous avons intégré la pensée raciste, elle modifie notre regard comme une paire de lunettes aux verres déformants. Et c'est une lutte en soi que de ne pas suivre cette pente, que de ne pas se laisser gagner par ce « nous », par le principe de ce qui est « bon pour nous », par la crainte de se faire remarquer, par la peur de ce gendarme devenu intérieur, de ce croquemitaine, par le processus d'une dilution de ce que nous sommes dans le plus petit dénominateur commun.

« Donne-moi ce siège, lève-toi ! » Si vous voulez savoir ce que cela fait de rester assis quand tout vous pousse à vous lever, allez au musée des droits civiques à Memphis, et montez dans le bus-test, un bus jaune et vert directement importé de Montgomery, la copie conforme de celui dans lequel monta Claudette Colvin. Asseyez-vous, et attendez. Une voix enregistrée monte, implacable, froide, dure, elle aboie, elle ordonne, elle exige. « Lève-toi », dit-elle, « Donne-moi ce siège ! » À mesure que l'ordre se répétera, vous sentirez tout votre corps se tendre, prêt à bondir, vous serez gagné par la volonté d'en finir, et vite, vous vous direz à quoi bon, vous sentirez la puissance réconfortante de l'obéissance. Quand vous prendrez ce bus, imaginez alors une adolescente de quinze ans, enfoncée dans son siège et décidée à ne pas le lâcher, malgré les regards insistants des adultes, malgré les « Ça n'est pas bon pour nous », malgré Jim Crow.

Le chauffeur est à bout d'arguments, la situation nécessite un nouvel échelon d'autorité. À l'arrêt suivant, il descend et arrête deux policiers dont la voiture était en patrouille. Les deux hommes montent dans le bus et demandent à Claudette Colvin de se lever. Elle refuse, arguant de ses droits à être assise pour un trajet qu'elle a payé. Ils l'attrapent, chacun par un bras, et la forcent à descendre. Elle ne se défend pas, mais répète qu'elle a des droits. Tenue comme un quartier de viande, comme un paquet de linge sale, elle continue à leur parler de légalité, à dire qu'elle est quelqu'un. Eux ne lui parlent de rien, elle n'existe pas. Dans le bus, c'est le silence qui règne, celui des noirs apeurés ou soulagés que tout ça se termine, celui des blancs, dérangés ou satisfaits que les choses rentrent dans l'ordre. Le silence. Une fois à l'extérieur du bus, les policiers menottent la jeune fille et la placent à l'arrière de la voiture.

Écoutez ma voix et avancez encore. À présent, c'est comme si vous alliez dans le recoin le plus obscur, comme si vous marchiez dans l'endroit le plus reculé que vous puissez imaginer, plus loin que loin, car, désormais, vous êtes noire. Ça n'est pas seulement le féminin de noir, c'est le bout de la travée, c'est l'oppression ultime. Vous êtes une femme, donc moins qu'un homme, et vous êtes noire, donc moins que rien. Qu'y a-t-il après la femme noire ? Personne n'est revenu pour le dire. Dans cette voiture qui roule vers on ne sait où, les policiers insultent Claudette Colvin. Ils la tutoient, bien sûr. Ils disent « sale nègre », bien sûr. Ils disent aussi « sale pute noire », parce que c'est une femme et que c'est ce qu'on dit quand on veut souhaiter le pire à une femme, c'est toujours par là que ça passe, par le sexuel jeté au visage, par le déshonneur. Plus de vertu, plus de morale, plus rien à respecter. « Sale pute noire ! » Qu'y a-t-il après la pute noire ? Claudette Colvin n'en sait rien, elle prie en silence pour qu'on ne lui fasse pas toutes ces choses dont elle a entendu parler. Elle est dans la situation la pire qui puisse arriver à une femme noire de l'Alabama, être seule dans une voiture de police. Elle connaît l'histoire de Gertrude Perkins, jeune femme de vingt-cinq ans violée par deux policiers de Montgomery sous la menace d'une arme, puis laissée sur le bord de la route. Gertrude Perkins qui trouva le courage de porter plainte malgré les menaces des officiers, malgré le refus des autorités de donner les noms des agresseurs. Gertrude Perkins dont l'affaire fut classée par un jury d'hommes blancs qui jugea les preuves de son agression insuffisantes et mit en doute sa moralité tout au long du procès. Sale pute noire. Si une femme n'est pas vertueuse, le viol n'est pas un crime, c'est la thèse défendue par le jury qui classa l'affaire pour défaut de preuves.

Claudette Colvin sait qu'un noir peut être condamné à mort pour avoir violé une blanche mais qu'aucun blanc ne risquera plus qu'une amende pour avoir violé une noire, il repartira sûrement du tribunal avec les excuses du jury, navré de lui avoir fait perdre son temps. Claudette Colvin connaît aussi l'histoire d'Ella Ree Jones, étudiante arrêtée pour ne pas s'être levée dans un bus et pour cause, elle était malade. Qu'à cela ne tienne, on l'arrête et une fois au commissariat, on la traîne à l'arrière du bâtiment où deux policiers la rouent de coups jusqu'à la faire s'évanouir. Lorsqu'elle revient à elle, on ne l'autorise pas à voir un médecin et, le lendemain, alors qu'elle comparaît dans ses vêtements tachés de sang, le visage tuméfié, elle est condamnée à vingt-huit dollars d'amende sans qu'aucune raison ne lui soit donnée.

Alors, pendant que les deux officiers de police font des blagues sur sa taille de soutien-gorge, Claudette Colvin se prépare au pire, le viol, bien sûr, la mort peut-être. Et si jamais la mort ne venait pas, alors ce sera forcément la maison de correction. Claudette se voit déjà condamnée à ramasser du coton jusqu'à sa majorité, six ans de travaux forcés, un retour à l'esclavage. Peut-être le plus triste pour elle qui se rêvait en avocate pourfendant les lois ségrégationnistes.

Trois femmes et un bus

Claudette Colvin se sent seule dans cette voiture, mais dans la ville, on parle d'elle. Les camarades qui étaient présents au moment des faits avertissent la mère de la jeune fille qui prévient immédiatement le pasteur de l'église baptiste où la famille a ses habitudes. La nouvelle de son arrestation se répand. Deux femmes savent que cette affaire est d'importance : Rosa Parks et Jo Ann Gibson Robinson. Toutes deux ont en commun d'avoir vécu la même situation d'humiliation que Claudette et de ne pas s'en être défendues. Toutes deux ont en commun d'être descendues d'un bus sous les insultes et les menaces d'un chauffeur, comme des milliers d'autres usagers noirs victimes de l'excès de zèle des employés de la compagnie. Mais toutes deux, à la suite de cet épisode, ont fait le choix de la lutte, prenant part à la vie militante de Montgomery.

Pour Rosa Parks, c'était en 1943. L'altercation portait sur le fait qu'elle était entrée par l'avant du bus et non par l'arrière. Et pour cause, l'arrière était bondé. Mais ce genre de considération a peu d'importance, dans un univers kafkaïen le bon sens n'est plus de mise, il a déserté, remplacé par la question de principe. Elle monte, le chauffeur lui demande de faire le tour, elle lui répond que ça n'est pas possible, pointant du doigt les gens qui s'entassent à l'arrière. Il insiste, elle lui rétorque qu'étant déjà à l'intérieur, le plus simple est qu'elle rejoigne le fond par ce chemin-là. « Sors de mon bus ! » lui crie-t-il en l'attrapant par la manche. « Sors de mon bus ! » Il dit « mon bus » et ce « mon » l'autorise à attraper cette femme par la manche, comme on le ferait pour un voleur. Et ce « mon » fait se dresser la main de l'homme prêt à gifler une femme. « Elle aurait dû faire le tour », murmurent certains passagers. « Pourquoi ne fait-elle pas le tour ? » se demandent-ils. C'était l'hiver 1943, Rosa Parks avait trente ans, elle descendit et se jura de ne plus jamais monter dans un bus conduit par cet homme-là, James F. Blake. Pendant douze ans, la promesse fut tenue et puis, un jour de l'hiver 1955, Rosa Parks montera dans un bus sans avoir pris la peine de regarder le visage du chauffeur et ce sera le début d'un boycott qui durera trois cent quatre-vingt-un jours, et ce sera l'ascension de celle que l'on nommera désormais la Mère du mouvement des droits civiques, celle pour qui les drapeaux de tout le pays seront mis en berne le 24 octobre 2005, jour de son décès.

Mais ça n'est pas encore 1955, c'est 1943, et Rosa Parks n'est pas encore *Rosa Parks*, elle descend d'un bus sous les insultes d'un chauffeur, sans s'opposer. Quelques jours plus tard, elle accepte de devenir secrétaire de la NAACP. La NAACP, National Association for Advancement of Colored People, association nationale pour la promotion des personnes de couleur, est une association multiraciale et multiconfessionnelle créée en 1909 à New York pour protester contre la discrimination et les lynchages. L'essentiel de son action consiste à contrer les inégalités sur le terrain légal en fournissant des avocats, en engageant des actions, en organisant des meetings, des collectes, des campagnes de mobilisation pour aider à l'enregistrement des noirs sur les listes électorales... Dans les années 1940, la NAACP est très peu représentée en Alabama, il existe seulement trois antennes dont une à Montgomery créée et dirigée par Edgar Daniel Nixon, figure charismatique qui est également à la tête de la branche locale du syndicat des employés noirs des wagons-lits de la société Pullman. Cet autodidacte, né à la fin du XIXe siècle, pur produit de l'Alabama, s'est découvert une âme de militant à vingt-cinq ans en devenant porteur pour les wagons-lits Pullman. Être porteur chez Pullman, c'est une situation enviable pour un noir, c'est nettoyer les wagons, porter les bagages des voyageurs blancs, tasser leurs oreillers, cirer leurs chaussures, servir et desservir leurs repas, mais c'est aussi avoir de bons pourboires, un salaire fixe et pouvoir traverser les États-Unis de part en part. E.D. Nixon a vu que l'Alabama n'était pas le monde, il a découvert que Jim Crow n'était pas le seul mode de relation possible entre noirs et blancs. À New York, il a entendu les discours des leaders de la NAACP, des blancs, des noirs, des juifs, des catholiques, des protestants, tous occupés à faire vaciller les fondements racistes de la bonne société américaine. Dans les années 1930, à la suite de ces découvertes, E.D. Nixon décide d'ouvrir une antenne de la NAACP dans sa ville et, dix ans plus tard, il est si bien identifié que, si un noir a des ennuis à Montgomery ou aux alentours, c'est E.D. Nixon qu'on appelle. Par la force de ses convictions et un important travail de réseau, il est parvenu à être aussi bien introduit dans la ville auprès des leaders noirs, et de certains blancs influents, qu'auprès des petites gens. Mais l'Alabama reste l'Alabama, et si, dans d'autres États, les antennes sont mixtes et multiraciales, à Montgomery, la NAACP rassemble essentiellement des hommes noirs, les blancs qui y adhèrent sont rarement des natifs du Sud, ils se verraient immédiatement ostracisés par leurs pairs. Et puis, E.D. Nixon reste un homme de son temps, un homme né dans le sud des États-Unis au XIXe siècle, alors l'association compte seulement deux femmes qui doivent leur présence au fait qu'elles savent taper à la machine. E.D. Nixon a coutume de dire : « Les femmes n'ont pas besoin d'être ailleurs qu'à la cuisine[2]. »

Rosa Parks connaît la NAACP depuis bien avant 1943, son mari en est un membre actif depuis plus de dix ans. Bien que progressiste (il a toujours encouragé sa femme à poursuivre ses études), Raymond Parks ne souhaite pas que Rosa s'implique dans les actions de l'association, qu'il juge trop dangereuses pour une femme. Le poste de secrétaire est un entre-deux acceptable et Rosa, bien que bénévole, s'y investit totalement. Outre la gestion courante de l'administratif, elle est chargée de tenir un registre de tous les cas de discrimination et de violence faites à l'encontre des noirs dans la région. Elle, qui avait jusque-là une vision parcellaire des conséquences de Jim Crow, se trouve à présent plongée au cœur du système dans toute son injustice, sa violence et son absurdité. C'est à partir des comptes-rendus de Rosa Parks que les membres de la NAACP de Montgomery évaluent le bien-fondé et la pertinence d'un engagement dans telle ou telle action. Contrairement à la légende de la petite couturière effacée qui un jour de décembre 1955 a été rattrapée par l'Histoire, Rosa Parks est en fait une militante dont l'engagement s'accroît à mesure que les années passent. Son champ d'action s'élargit, elle participe à des colloques en dehors de l'Alabama, rencontre des femmes venues des États du Nord, blanches et noires sur un pied d'égalité, et, en plus de ses fonctions de secrétaire, devient conseillère de la section jeunesse. En contact permanent avec les étudiants, elle est une figure pour les jeunes militants de Montgomery. Rosa Parks est convaincue qu'il faut combattre Jim Crow pied à pied et c'est donc avec une extrême attention qu'elle note l'arrestation de Claudette Colvin. Elle y voit l'événement qui pourrait être la mèche qui mettra tout le monde en marche. En cela, elle est très proche de Jo Ann Gibson Robinson.

Pour Jo Ann Gibson Robinson, l'année décisive n'est pas 1943 mais 1949. Elle avait la trentaine lorsqu'elle s'assit malencontreusement au cinquième rang, normalement dévolu aux blancs, d'un bus presque vide de Montgomery, pour se rendre à l'aéroport. Professeure d'anglais récemment nommée à l'Alabama State College, elle s'apprêtait à rendre visite à sa famille à Cleveland dans l'Ohio, c'était bientôt Noël. Jusque-là, Jo Ann Gibson Robinson n'était pas au fait des us et coutumes des transports publics de Montgomery, elle avait toujours circulé dans la ville en voiture. Une étrangère noire qui monte dans un bus de Montgomery, c'est le détonateur invisible qui provoquera le grand mouvement de 1955 et des années qui suivront. Jo Ann Gibson Robinson, le nom ne vous dit rien, c'est sûr. Si vous la cherchez, vous la trouverez à la page 109 de l'autobiographie de *Rosa Parks*. Claudette Colvin, elle, apparaît page 111. À elles deux, elles représentent trois pages dans un texte de près de deux cents. Le prix de l'effacement. Mais cette rencontre furtive est intrigante. Alors je tire sur ce fil ténu. Je progresse à coups de clics et trouve bientôt *The Montgomery bus boycott and the women who started it*[3], l'autobiographie de cette inconnue, parue il y a presque trente ans, quatre ans avant sa mort. Le fait que le titre parle de « femmes » au pluriel, dit déjà beaucoup de la personnalité de Jo Ann Gibson Robinson, le collectif d'abord. Et la préface de l'éditeur confirme cette impression. Il y raconte sa rencontre avec cette femme de plus de soixante-dix ans, qui, bien que désireuse d'être publiée, refuse obstinément de se mettre en avant. Ce qui lui importe est moins de faire son hagiographie que de resituer dans leur exactitude les étapes du mouvement, depuis sa mise en œuvre jusqu'à son aboutissement. Nulle envie de parler de soi, les mémoires de Jo Ann Gibson Robinson, à la différence de celles d'autres figures du mouvement, ne visent pas à fabriquer un mythe ou à combler un déficit de notoriété, mais s'inscrivent dans la volonté de replacer le peuple noir dans l'histoire américaine : « Les noirs américains ne sont pas comme on les dépeint depuis des générations, des êtres insouciants, contents d'eux, suffisants, paresseux et bons à rien qui n'ont rien à offrir de bon ou de valable à la société (...). Les enfants noirs américains et les enfants de leurs enfants ont le droit de connaître les luttes de leurs aînés pour faire que ce pays soit beau pour tous[4]. »

Jo Ann Gibson Robinson, femme invisible dont la photographie la plus célèbre est prise dans le commissariat de Montgomery, une photo où elle porte le matricule 7042. Elle le tient d'une seule main, du bout des doigts, le visage légèrement tourné sur le côté, comme si tout ça n'avait pas grand-chose à voir avec elle. Peau claire, cheveux au carré, sourire à la Mona Lisa, elle est élégante et, il n'y aurait cette mise en scène policière, tout prêterait à croire que Jo Ann Gibson Robinson est simplement de passage avant de partir jouer au bridge. Ça n'est pas la figure austère et virginale de *Rosa Parks*, qui, elle, tient le matricule 7053, des deux mains, avec sérieux et application. Ça n'est pas non plus le visage martyr et christique de *Martin Luther King*, matricule 7089 autour du cou. Non, c'est l'image d'une femme des années 1950, ironique, *middle class*, citadine. Si la série *Mad Men* avait été tournée dans ces années-là, Jo Ann Gibson Robinson aurait largement pu faire partie du casting. Elle est à part. Non seulement, à la différence de Claudette Colvin ou Rosa Parks, Jo Ann Gibson Robinson n'est pas de l'Alabama, mais en plus, ses études l'ont amenée à voyager, au Texas, en Californie, à New York. Qui plus est, Jo Ann Gibson Robinson, bien qu'ayant conservé le nom de son mari, est une femme divorcée, ce qui pour les années 1950 est loin d'être la norme. Jo Ann Gibson Robinson sait que le Sud n'est pas l'unique modèle, et on sent sur sa photo anthropométrique quelque chose de différent, une élégance affranchie, une forme de modernité. Mais, s'il y a bien une chose qui n'a aucune importance dans ce qui se joue, c'est l'histoire de Jo Ann Gibson Robinson. Pour un chauffeur de bus de Montgomery, un noir est un noir, quels que soient ses diplômes, son salaire, son statut. Et un noir qui s'assoit chez les blancs doit être corrigé et remis dans le droit chemin, un point c'est tout, Jump Jim Crow. Alors, tout en insultant Jo Ann Gibson Robinson, le chauffeur lève la main. Que lui dit-il ? Elle ne le raconte pas, mais, en matière d'insultes, l'originalité est rarement de mise. « Sale pute noire, sors de ce bus ! » Il la gifle sûrement avec ces trois mots qui n'en font qu'un, la saleté, l'immoralité et la couleur, tout pareil, tout mis sur le même plan. Elle se lève et sort, la honte pour seule compagnie. Pourtant, elle n'est pas femme à subir. Fille de fermiers, née en Géorgie, elle est la plus jeune d'une fratrie de douze enfants et la première de sa famille à avoir fait des études, malgré l'école fermée quand vient la saison du ramassage du coton, malgré la mort de son père alors qu'elle n'a que six ans, malgré la vente de la ferme lorsque sa mère ne peut plus faire face. « Sale pute noire, sors de ce bus ! », c'est la blessure toujours vivace, jamais refermée. Dans la préface de son autobiographie, pourtant publiée trente-huit ans plus tard, l'éditeur raconte que les larmes viennent encore aux yeux de la septuagénaire quand elle raconte cet épisode. En 1950, quelques semaines après les faits, donc, cette insulte pousse Jo Ann Gibson Robinson à accepter la présidence du WPC, Women Political Council, dont elle était simple membre jusqu'alors. Le WPC est une association créée en 1946 par Mary Fair Burks, native de l'Alabama et responsable du département d'anglais de l'Alabama State College où travaille Jo Ann Gibson Robinson. Une association née de l'humiliation d'avoir été arrêtée puis jetée quelques heures en prison pour une raison totalement absurde : Mary Fair Burks était parvenue à éviter de justesse une femme blanche qui, ayant traversé au feu vert, s'était jetée sous ses roues. Ce jour-là, alors qu'elle croupit en prison, Mary Fair Burks prend conscience que mener une guerre seule sera sans effet. En une semaine, elle crée le WPC. C'est une des dix-huit associations de femmes de Montgomery mais, à la différence des autres, qui s'en tiennent à des actions de charité, Mary Fair Burks veut faire du WPC une arme politique contre Jim Crow. Elle y réunit des femmes noires de la classe moyenne de Montgomery, enseignantes, infirmières, assistantes sociales… qu'elle recrute à la paroisse ou dans son cercle d'amies et de collègues. De cinquante à la création, les effectifs passent à trois cents en quelques années, faisant du WPC une association incontournable parmi la soixantaine que compte la ville.

Dès son accession à la présidence, Jo Ann Gibson Robinson s'attaque à la question du traitement des noirs dans les bus. Elle contacte le maire William A. Gayle et organise une réunion durant laquelle elle présente plusieurs propositions concrètes visant à améliorer la situation. En premier lieu, elle demande à ce que les chauffeurs s'adressent aux usagers noirs avec courtoisie et que les insultes cessent. En second lieu, que soit abandonné le principe consistant à obliger les noirs à payer à l'avant et monter à l'arrière. Elle demande aussi à ce que les bus s'arrêtent à tous les arrêts desservant les quartiers noirs, comme ils le font pour les quartiers blancs, ce qui est loin d'être le cas. En général, dès que le chauffeur entre dans les quartiers noirs, il s'arrête quand ça lui chante. Enfin, s'inspirant de ce qui se fait dans d'autres États, Jo Ann Gibson Robinson propose au maire et aux responsables de la compagnie de bus que soit mis en place un système où les passagers blancs s'assiéraient en commençant par l'avant du bus tandis que les noirs commenceraient par l'arrière. La ligne de partage serait déterminée par le lieu où les deux groupes se rejoindraient. La réunion se passe plutôt bien, et la situation s'améliore l'espace de quelques semaines. Puis, tout reprend sa place. En 1952, un homme noir est même abattu par la police en descendant du bus après une altercation avec un chauffeur qui refusait de lui faire la monnaie. D'autres réunions s'enchaînent, qui se terminent toutes par l'assurance que les choses vont changer. Le maire sait être courtois et donner l'impression que l'avis de ces dames noires lui importe. Et durant quatre années, les comptes-rendus que fait Jo Ann Gibson Robinson mettent toujours en avant l'extrême cordialité du maire. Bien que profondément militante, Jo Ann Gibson Robinson reste dans une volonté de dialogue, il n'y a pas de demande exorbitante, la question de la ségrégation n'est jamais posée dans une optique d'abolition. Ce qui importe, c'est de trouver le meilleur moyen de cohabiter dans les limites de la ségrégation. L'ironie de l'histoire, c'est que si le maire avait accepté de mettre en place ces mesures, l'exaspération aurait pris plus de temps à monter, et la ségrégation aurait été bien plus difficile à combattre. C'est son refus obstiné de changer les règles qui a condamné le système qu'il souhaitait préserver à toute force.

Assis, debout, debout, assis, la vie continue donc à Montgomery, et c'est l'arrêt de la Cour suprême rendant illégale la ségrégation à l'école qui va faire basculer Jo Ann Gibson Robinson vers plus de radicalité. Quatre jours après la publication de cet arrêt, le 21 mai 1954, soit neuf mois avant que Claudette Colvin ne se rebelle et un an et demi avant l'affaire *Rosa Parks*, elle envoie une lettre au maire dans laquelle le ton a changé, elle ne demande plus, elle menace :

« Monsieur le Maire, les trois quarts des passagers des transports publics sont noirs. Si les noirs ne les utilisaient pas, ils ne pourraient pas fonctionner. (...) Considérez cette demande et si possible agissez favorablement, car nous pourrions envisager d'utiliser moins souvent vos bus, voire plus du tout. Nous ne le souhaitons pas[5]. »

À partir de ce moment, Jo Ann Gibson Robinson attend le cas qui permettra de lancer un boycott. Elle prépare un tract dont le texte appelle clairement à ne pas utiliser les transports, et laisse la date en blanc. Elle se rapproche aussi d'un jeune avocat noir de vingt-quatre ans, Fred Gray, ami de Rosa Parks, natif de Montgomery, qui vient tout juste de faire son retour après ses études de droit (impossible d'étudier cette matière à Montgomery quand on est noir), bien décidé à devenir le deuxième avocat noir de la ville et à mettre la ségrégation à l'épreuve de la Cour suprême.

Premier acte

Tout s'enclenche donc, et, sur le papier, dans les premières heures de son arrestation, Claudette Colvin pourrait être *Rosa Parks*. Elle est conduite au commissariat, on l'enregistre, on prend ses empreintes, puis direction la prison, pas celle des mineurs, bien que Claudette n'ait que quinze ans, mais celle des adultes. Pendant tout le trajet, les policiers l'appellent « La chose », « La pute ». Bien qu'effrayée, elle fait face. Quand le révérend Johnson et la mère de Claudette viennent payer sa caution, ils s'attendent au pire. Elle est dans une cellule, elle pleure, c'est l'Alabama des années 1950, le pire a donc forcément eu lieu. Ils demandent : « Est-ce que ça va Claudette ? », sous-entendant : « As-tu été battue ? », « As-tu été violée ? », puisque c'est ainsi que la rébellion des femmes finit toujours. « Est-ce que ça va Claudette ? » Oui, ça va, Claudette a gagné la première manche, elle est en un seul morceau, vivante, ni battue ni violée. Mais sortir de prison ne suffit pas, toute la nuit le père de la jeune fille attend, un fusil à la main, qu'arrivent les hommes du Ku Klux Klan. Après tout, en une journée, Claudette a défié un chauffeur et deux policiers, trois hommes blancs c'est plus qu'il n'en faut pour être lynchée. Autour d'elle, la communauté fait corps, outrée par le traitement infligé à la gamine et fière qu'elle ait osé défier le système. La nouvelle circule, l'indignation monte. C'est sûr, à ce moment, Claudette Colvin pourrait être *Rosa Parks*. La NAACP et Jo Ann Gibson Robinson s'organisent et contactent Fred Gray, choisi pour être l'avocat de la jeune fille. Rosa Parks commence une collecte afin de permettre de payer les frais de la défense. Du haut de ses quinze ans, Claudette accepte la ligne proposée par son avocat, et, si elle n'est pas la première à être arrêtée pour avoir violé le code de la ségrégation de Montgomery, elle est la première à prendre le risque de plaider non coupable et à poursuivre la ville. Si défier trois hommes blancs dans un bus peut valoir une visite des hommes du Klan, que dire du fait d'attaquer une ville ? En choisissant cette voie, Claudette Colvin et ses parents font preuve d'un courage et d'une audace qui poussent les camarades de la jeune fille, présents au moment des faits, à accepter de témoigner en sa faveur, ce qui est rare.

Un dossier solide, une victime décidée, des témoins courageux, pour Fred Gray, tout est en place pour amener le cas au niveau fédéral et faire vaciller la ségrégation. Nous sommes le 2 mars 1955, l'audience de la jeune fille est fixée au 18, et pour Jo Ann Gibson Robinson et Rosa Parks, il ne fait aucun doute que pendant ces quinze jours, il faut préparer un boycott. L'aplomb de l'adolescente a forcé le respect de ces deux quadragénaires, la petite a osé et, par son geste, elle efface un peu de leur honte.

Seulement, pour agir à grande échelle, il faut le soutien de toute la communauté, donc celui des hommes, donc celui des représentants des instances religieuses. Dans une ville qui compte cinquante lieux de culte destinés aux noirs catholiques, évangélistes, méthodistes, baptistes, impossible de passer outre. Or, la plupart de ces hommes d'influence semblent plus intéressés à préserver l'ordre établi qu'à le combattre, soucieux de ne pas offenser ceux dont ils acceptent les faveurs. Il y a bien ce jeune pasteur, Martin Luther King, qui, six mois plus tôt, a repris les rênes de l'église baptiste que fréquente Jo Ann Gibson Robinson, mais son pouvoir est limité, il n'est pas d'ici et il n'a que vingt-six ans.

Jo Ann Gibson Robinson est isolée, les leaders noirs préfèrent tous la voie de la négociation. Le boycott leur semble inapproprié et contre-productif, trop frontal. Ils justifient leur refus en opposant l'âge de Claudette, qu'ils jugent trop jeune pour porter une telle action. Dans les années 1950, l'adolescent, comme nous l'entendons aujourd'hui, n'existe pas encore, il y a l'enfant ou l'adulte. L'adolescence n'est pas envisagée comme une catégorie sociale à part entière. Pour ces hommes, Claudette est donc un enfant, qui plus est de sexe féminin, donc deux fois irresponsable. Jo Ann Gibson Robinson pense que la partie n'est pas perdue. Elle organise une réunion avec les leaders noirs, les policiers qui ont arrêté Claudette, le maire, l'avocat de la jeune fille et les dirigeants de la société de bus. Parmi les représentants noirs, on trouve E.D. Nixon pour la NAACP, Jo Ann Gibson Robinson pour le WPC et les principaux représentants des autorités religieuses dont Martin Luther King. Rosa Parks décide de ne pas s'y rendre, déçue que l'option radicale ait été rejetée et convaincue que cette réunion ne mènera à rien d'autre qu'à maintenir le statu quo. Pour elle, il n'est plus temps de venir « avec un bout de papier à la main pour demander aux blancs une faveur[6] ». Jo Ann Gibson Robinson, elle, veut y croire, prévoyant de jouer son va-tout si la situation tourne en défaveur de l'adolescente. Les charges qui pèsent contre Claudette Colvin sont de trois ordres : on l'accuse de troubles à l'ordre public, d'agression à l'égard d'un des deux policiers (qu'elle aurait frappé et griffé) et, surtout, d'avoir violé les lois de la ville en refusant de céder son siège. Sur ce point, Fred Gray rappelle que, selon l'ordonnance de la ville, il y aurait désobéissance si Claudette ne s'était pas levée alors même que d'autres sièges étaient disponibles, ce qui n'était pas le cas au moment des faits. Pour étayer son propos, il s'appuie sur une douzaine de témoignages qui affirment qu'aucun autre siège n'était disponible. Devant les mensonges des policiers et de la compagnie de bus, exaspérée, Jo Ann Gibson Robinson menace frontalement de lancer un boycott. Le directeur de la compagnie se souvient alors que le chauffeur lui a dit que Claudette n'avait pas d'autre place où s'asseoir. Chacun est donc forcé d'admettre qu'en l'espèce, c'est plutôt le chauffeur qui est en tort. Les officiels s'excusent platement et assurent qu'ils feront le nécessaire pour que tout ça ne se reproduise plus, proposant même de réétudier les suggestions de Jo Ann Gibson Robinson concernant la répartition des sièges dans les bus. Bien que la question de l'abandon des poursuites ne soit pas envisagée, à l'issue de la réunion on assure aux représentants noirs que le procès ne sera qu'une formalité, la jeune fille sera évidemment acquittée et son casier restera vierge. Affaire réglée. Devant cette conclusion, Jo Ann Gibson Robinson révise son jugement et se range à l'avis général, il semble effectivement plus constructif de passer par la conciliation. Fin du premier acte.

Deuxième acte

Le 18 mars, quand arrive le tour de Claudette au tribunal des mineurs de Montgomery, les deux heures trente d'audience qui suivent modifient profondément la donne. Claudette y est présentée par l'avocat de la ville comme une furie ordurière, un grand classique de la rhétorique ségrégationniste qui a toujours véhiculé l'image de la femme noire-harpie. C'est un fait entendu jusque dans la littérature ségrégationniste, où les personnages de femmes noires sont systématiquement violents et agressifs. La ligne de défense de la ville ne déroge donc pas à ce préjugé. Le premier officier de police est appelé à la barre. Il affirme avec aplomb que Claudette les a frappés, griffés, et qu'elle leur a même donné des coups de pied. Puis, c'est le tour du second policier. Au grand dam de l'avocat de la ville qui l'interroge, à la question « Vous a-t-elle frappé, cogné ou griffé ? », dans un accès d'honnêteté, l'officier répond : « Non, monsieur. » Quand l'avocat reprécise sa question, demandant à l'officier si Claudette a provoqué de l'agitation dans le bus au moment de son arrestation, il répond seulement qu'elle s'est mise à pleurer et qu'il ne se souvient pas de l'avoir entendue crier ou jurer.

Bon, mais qu'à cela ne tienne, pour corroborer les dires du premier officier, l'avocat produit les lettres et témoignages de passagers blancs qui, tous, affirment que Claudette Colvin a frappé les policiers, voulant clairement les pousser à la faute. Ces témoins disent aussi que les policiers lui ont parlé avec beaucoup de calme et de courtoisie, allant presque jusqu'à tendre l'autre joue, malgré la violence de la jeune fille. Certains ajoutent même que, lorsque les officiers se sont adressés à elle, leur ton était si calme, si bas, qu'aucun autre passager n'a pu entendre ce qu'ils disaient. Témoignages surprenants de personnes qui attestent donc de propos qu'elles n'ont pas pu entendre. Rien d'étonnant à ça, c'est une grande spécialité du Sud. Quel que soit le délit, il y a toujours des suprémacistes blancs prêts à attester de tout et n'importe quoi pourvu que Jim Crow s'en trouve conforté.

Fred Gray, l'avocat de Claudette, appelle à la barre les camarades de la jeune fille, présents dans le bus au moment des faits. Eux racontent une tout autre version : Claudette était calme, rien à voir avec la personne sauvage et incontrôlable décrite par la partie adverse.

Puis, c'est à Claudette.

FRED GRAY : *Déclinez votre identité.*
CLAUDETTE COLVIN : *Claudette Colvin.*

GRAY : *Quelle est votre adresse, Mademoiselle Colvin ?*

COLVIN : *658 Dixie Drive.*

GRAY : *Quel âge avez-vous ?*

COLVIN : *Quinze ans.*

GRAY : *Qui sont vos parents ?*

COLVIN : *Q.P. Colvin et Mary Ann Colvin.*

GRAY : *Prenez-vous le bus ?*

COLVIN : *Oui.*

GRAY : *Combien de fois par jour ?*

COLVIN : *Deux fois par jour.*

GRAY : *Avez-vous été victime d'un incident en prenant le bus ?*

COLVIN : *Oui.*

GRAY : *Quand cela a-t-il eu lieu ?*

COLVIN : *Le 2 mars 1955.*

GRAY : *Quel bus prenez-vous ?*

COLVIN : *Highland Gardens.*

GRAY : *Quelle heure était-il, environ ?*

COLVIN : *Environ 14 h 30…*

GRAY : *Où vous rendiez-vous ?*

COLVIN : *Je rentrais à la maison après l'école.*

GRAY : *S'il vous plaît pouvez-vous dire à la Cour ce qui s'est exactement passé ce 2 mars ?*

Et l'adolescente raconte, dans le détail, en essayant de ne pas baisser les yeux ni la voix devant les blancs, en essayant d'être claire et précise, posée. Et l'adolescente essaie de ne pas être ce qu'elle n'est pas, pas la femme noire furieuse des livres ségrégationnistes, pas la fauteuse de troubles, elle essaie de dire le réel avec ordre et méthode.

COLVIN : *Et puis les deux policiers sont montés, l'un des deux a dit : « Qui c'est ça ? »*

Il a dit « ça » pour désigner l'adolescente, la jeune fille noire. Il a dit « ça » à l'objet noir récalcitrant posé sur un siège de bus, un objet sur un autre objet.

COLVIN : *Il était très en colère. Il m'a demandé si j'allais me lever. J'ai dit : « Non monsieur » et j'ai pleuré. Il a dit : « Je vais devoir t'enlever de là. » Mais je n'ai pas bougé. Je n'ai pas bougé du tout. Alors il m'a donné un coup de pied et l'un m'a pris un bras, l'autre l'autre bras et ils m'ont simplement traînée dehors.*

Simplement traînée dehors.

Et puis, c'est au tour du chauffeur, Robert Cleere, qui, au cours de son témoignage, admet qu'il n'a pas vu Claudette frapper les policiers.

Seriez-vous en train de vous réjouir ? Souvenez-vous, nous sommes dans l'Alabama des années 1950 et, ici, Jim Crow passe avant tout, avant la justice, avant les faits. Ici, l'équité est d'une importance minime, ce qui compte c'est que la coutume triomphe, envers et contre tout, y compris contre l'évidence. Pour s'assurer une victoire, on choisit de juger Claudette non pas selon les lois de la ville sous lesquelles elle a été arrêtée, mais selon les lois de l'Alabama. Et, si dans l'ordonnance de la ville, il est précisé que personne ne peut être poursuivi pour ne pas avoir cédé son siège à moins qu'un autre soit disponible, la loi de l'État donne aux chauffeurs toute autorité pour assigner les places. Le juge Hill déclare donc Claudette coupable des trois chefs d'accusation, trouble à l'ordre public, violation de la loi et agression à l'égard de représentants de l'ordre.

Trois fois coupable et trois peines possibles : l'amende, le placement en institution avec travaux forcés, le sursis avec mise à l'épreuve.

C'est une chose de se croire dans son bon droit et de se préparer à batailler pour le défendre, c'en est une autre de découvrir qu'il n'y a pas de droit. Si Claudette a fait face sans vaciller pendant les deux heures et demie d'audience, à l'annonce du verdict elle s'effondre et ses sanglots déchirants envahissent le tribunal. Dans la salle, beaucoup pleurent de rage et de tristesse pour cette jeune fille qui vient d'apprendre qu'au lieu d'être acquittée, comme le voudraient les faits, elle est condamnée avec sursis et mise à l'épreuve, comme le veulent les principes. Dehors, le verdict agit comme une déflagration et Jo Ann Gibson Robinson note que : « … jamais les noirs n'ont été aussi près du point de rupture[7]… » D'ailleurs, dans les jours qui suivent, un grand nombre d'entre eux refusent de prendre le bus, de leur propre chef. Claudette Colvin pourrait être *Rosa Parks*. Les ingrédients sont là, l'exaspération, la colère, le sentiment d'injustice, le courage de la victime, mais la lutte ne prend pas puisque aucun leader n'est là pour la mener. Alors, l'énervement s'estompe et le vent et la pluie achèvent de doucher les dernières résistances. Après quelques jours, chacun retourne à ses vieilles habitudes, payer devant, monter derrière, assis, debout, debout, assis, se tenir à carreau en attendant que la vie passe tant bien que mal, tant mal que bien.

Claudette Colvin ne sera pas *Rosa Parks*, la faute à son âge, à la pluie, la faute aux hommes qui n'y croient qu'à moitié.

Fin du deuxième acte.

Double peine

Bien que déçu, Fred Gray pense qu'il faut faire appel, ce qui leur laissera une chance d'infléchir le jugement. C'est aussi un moyen de maintenir le cap vers la Cour suprême. Des centaines de messages de soutien venus de tout le pays affluent au secrétariat de la NAACP, tenu par Rosa Parks. Les sympathisants noirs et blancs y disent leur fierté et joignent des dons pour permettre de faire face à la procédure d'appel. Dans les églises de Montgomery aussi, on organise des collectes. En quinze jours, la somme nécessaire est réunie. Mais Claudette Colvin a été très ébranlée par le premier verdict, et les soutiens extérieurs ne parviennent pas à lui faire remonter la pente. Jo Ann Gibson Robinson note que la jeune fille « ne regardait plus les gens droit dans les yeux comme avant[8] ». L'injustice est trop violente, Claudette se vit comme une personne sans avenir, condamnée au présent et au futur, puisque avoir un casier judiciaire c'est ne plus pouvoir accéder à certaines écoles ou certains emplois. Elle ne sera pas avocate, c'est sûr. À l'école, dans la rue, partout, elle se sent jugée et montrée du doigt, il n'y a guère que chez elle qu'elle se sente en sécurité.

Malgré tout, elle accepte la proposition de Fred Gray.

L'audience est fixée au 6 mai. Le jour J, après avoir entendu le témoignage de la jeune fille, le juge Carter annonce qu'il abandonne deux des trois charges qui pesaient contre elle, celles concernant le trouble à l'ordre public et la violation de la loi de ségrégation, ne maintenant que la troisième, l'agression sur représentants de l'ordre. Retirer les deux premières charges est en fait une action purement politique qui vise à vider le dossier de sa portée antiségrégationniste. Sans ces deux chefs d'inculpation, plus question de porter le dossier au niveau fédéral. Le juge Carter condamne Claudette Colvin à payer une amende minime et maintient la condamnation avec mise à l'épreuve. À présent, non seulement la jeune fille a bel et bien un casier, mais en plus, en abandonnant les deux charges qui pouvaient faire de son cas un cas de portée nationale, le juge la condamne à disparaître du champ d'intérêt des leaders noirs. Double peine, bientôt triple. Dans la biographie de Fred Gray, son avocat, le cas de Claudette se réduit à un « faux départ[9] ».

Pour Claudette, c'est l'incompréhension. La jeune fille s'isole. Cet abandon-là est celui de trop. À toutes les étapes de sa courte vie, il a fallu faire avec, ou plutôt sans. Son histoire n'est faite que d'abandons successifs. D'abord, son père. Claudette Colvin est née

Claudette Austin, fille de C.P. Austin, qui quitta le domicile conjugual très peu de temps après sa naissance pour chercher du travail. Il revint brièvement un an plus tard, le temps de concevoir Delphine, sa sœur cadette, puis disparut à nouveau pour ne jamais revenir. Sa mère ? Peu de temps après la naissance de Claudette et le départ de C.P., Mary Jane confie sa fille à sa grand-tante et son grand-oncle, Mary Ann et Q.P. Colvin, que Claudette considérera toujours comme ses vrais parents. Si elle dit : « maman et papa », c'est de Mary Ann et Q.P. dont elle parle. Quant il s'agit de Mary Jane, Claudette dit : « ma mère biologique ». Sa sœur ? Delphine rejoint la famille Colvin un peu plus tard. C'est une petite fille bavarde, très attachée à sa grande sœur. Elles partagent le même lit, et, la nuit, Delphine continue à raconter à Claudette des histoires, à lui chanter des chansons, à lui poser des questions, c'est un flot continu, un lien jamais interrompu. À l'été 1952, Delphine est prise de violentes fièvres, elle s'affaiblit et ne peut bientôt plus se lever. Cet été-là, la polio s'abat sur Montgomery. On transporte Delphine à l'hôpital. Par crainte de la contagion, Claudette est interdite de visite. Bientôt, ce sont les poumons de Delphine qui ne répondent plus, alors, on place la petite fille dans un poumon d'acier, machine-ogre qui dévore les enfants, ne laissant que leur tête minuscule dépasser de son grand corps métallique. Par elle, Delphine respire à nouveau. Alors, on espère que tout va s'améliorer, vite. De l'évolution de la maladie, Claudette ne sait que ce qu'elle en voit à l'église, des enfants aux membres déformés, aux bras et aux jambes voilés comme des roues de vélos hors d'usage. Polio, cinq lettres énigmatiques et terrifiantes. Claudette sait qu'il faut en avoir peur mais ne sait pas très bien pourquoi. Lorsqu'elle pose des questions à Mary Ann et Q.P., les réponses sont vagues. Et, même si elle les accompagne régulièrement à l'hôpital, elle doit rester dans la voiture le temps des visites. La maladie reste lointaine et mystérieuse. Le 5 septembre 1952, jour de l'anniversaire de Claudette, Delphine meurt. Claudette Colvin vient d'avoir treize ans.

Alors, perdre ce procès, c'est tout perdre. L'attention, l'estime de soi, les perspectives. C'est le printemps 1955, Claudette a quinze ans et l'horizon est un champ de ruines. Effrayée à l'idée que le moindre faux pas puisse l'envoyer en prison, elle passe l'essentiel de son temps à la maison. Elle se rend parfois aux réunions des jeunes de la NAACP où elle retrouve Rosa Parks. Celle-ci l'incite à raconter aux jeunes militants son histoire qui, pour elle, a valeur d'exemple. C'est lors d'une de ces rares sorties que Claudette Colvin rencontre celui dont, cinquante-cinq ans plus tard, elle ne peut toujours pas dire le nom. Quelque chose semble impossible, insurmontable. Lorsqu'elle parle de cet homme les termes sont flous et dépourvus d'affect. Elle évoque la couleur de sa peau, très claire, son âge, environ dix ans de plus qu'elle, sa situation, marié. Ce dont elle parle plus volontiers, c'est de son empathie. Il la comprend, il l'écoute, il ne la juge pas, même ses cheveux, qu'elle a choisi de ne plus raidir, il les trouve à son goût. Qui était cet homme ? Elle dit qu'il serait un vétéran de la guerre de Corée, un homme qui aurait voyagé. Elle l'a sûrement très peu vu, et on imagine qu'il a dû jouer de son ascendant pour s'attirer les faveurs de cette petite fille perdue. Dans les années 1950, ce que les adolescentes savent des hommes et de la sexualité est proche du néant, mélange de fantasmes hollywoodiens et de superstition religieuse. Il faut être une sainte, pas une pute, c'est à peu près tout ce qu'on en sait. De ce point de vue, les choses ont-elles vraiment changé ?

Quand Claudette Colvin découvre qu'elle est enceinte, elle est la première surprise, convaincue qu'une chose pareille n'arrive pas à des filles comme elle, pas de cette façon-là et sûrement pas au premier rapport. D'ailleurs y a-t-il eu rapport ? Comment en être sûre quand on ne vous en a rien dit ? À l'annonce de sa grossesse, ses parents insistent pour qu'elle ne révèle à personne l'identité du père, craignant qu'on accuse leur fille de vouloir briser un mariage. Ce qui, au regard de Dieu, semble bien plus grave que le fait qu'un homme adulte, marié de surcroît, ait abusé de la confiance d'une adolescente. C'est bientôt la rentrée des classes, et au lycée, la règle c'est que toute grossesse est passible d'exclusion définitive. Il est donc décidé que Claudette ira à l'école jusqu'aux vacances de Noël, puis on la déclarera malade, et elle partira chez sa mère biologique à Birmingham jusqu'à l'accouchement. Ensuite, elle laissera le bébé et reviendra finir ses études à Montgomery. L'honneur sera sauf.

Fin de l'automne 1955, alors que Claudette suit toujours le plan à la lettre, cultivant le secret et le silence, sa grossesse devient visible plus tôt que prévu. Elle est renvoyée. Il faut revoir la stratégie. On décide qu'elle ira bien accoucher chez sa mère biologique mais qu'ensuite elle ne rentrera pas, elle s'inscrira au lycée de Birmingham sous le nom de Claudette Austin, ce qui évitera les recoupements de dossiers scolaires. À seize ans, Claudette se prépare donc à un nouvel arrachement. Il va lui falloir quitter sa ville, sa vie et tout recommencer sous un autre nom avec une étrangère à ses côtés, sa mère biologique, Mary Jane, devenue Gadson depuis son mariage avec Thomas Gadson dont elle a eu deux autres filles.

L'autre femme noire

Seulement, le jeudi 1er décembre 1955, Rosa Parks sort du Montgomery Fair, le magasin où elle travaille comme couturière, et monte dans le bus 2857. Une fois son ticket acheté, elle réalise qu'elle connaît le chauffeur, James Blake, celui qui, en 1943, a levé la main sur elle. Mais puisqu'elle a déjà payé, elle monte et s'assoit sur un siège vacant au milieu de la section réservée aux noirs. Au deuxième arrêt, tous les sièges réservés aux blancs sont occupés et un homme blanc se retrouve debout. La pièce qui va se jouer maintenant, vous la connaissez déjà, car Rosa Parks pourrait être Claudette Colvin. Comme la coutume le veut, James Blake dit à Rosa Parks et aux noirs qui sont dans le même rang: «J'ai besoin de ce siège!» Personne ne bouge. Il réitère sa demande, menaçant. L'homme assis près de Rosa Parks, à côté de la fenêtre, s'exécute. Elle se lève pour le laisser passer, puis se rassoit en se décalant, prenant son siège près de la fenêtre. Les deux autres personnes assises sur le même rang se lèvent à leur tour. Il n'y a guère plus que Rosa Parks qui soit assise. Le chauffeur lui demande si elle a l'intention de se lever, elle répond que non. Rosa Parks devient *Rosa Parks*. Il dit : « Dans ce cas, je vais être obligé de te faire arrêter. » Elle répond : « Faites-le. » Fin de l'échange. Ça ne vous rappelle rien ? Le chauffeur descend du bus, prévient les policiers. Ils montent et arrêtent *Rosa Parks*. Avant qu'ils ne la saisissent pour l'entraîner dehors, elle se lève et sort, sans opposer aucune résistance. Lorsqu'une fois au poste elle appelle sa mère pour la prévenir et demander à ce qu'on vienne la chercher, savez-vous quelle est la première question qu'elle lui pose ? « T'ont-ils battue ? » Vous voyez, décembre 1955 ressemble trait pour trait à mars, à un détail près et c'est ce détail qui changera l'histoire en Histoire. Quand Jo Ann Gibson Robinson apprend la nouvelle, son état d'esprit n'est plus du tout à la négociation. Pour elle, ce qui est arrivé à Claudette Colvin ne doit pas se reproduire. Elle appelle donc un de ses amis enseignants à l'Alabama State College qui possède la clé du local des polycopies. Et, dans la nuit du 1er au 2 décembre, avec l'aide de deux étudiants, elle imprime des tracts appelant au boycott le lundi suivant, 5 décembre, jour du procès de *Rosa Parks*. Il y est écrit :

« Une autre femme noire a été arrêtée et jetée en prison parce qu'elle a refusé de se lever de son siège pour qu'une personne blanche puisse s'asseoir. C'est la deuxième fois, depuis le cas de Claudette Colbert, qu'une femme noire est arrêtée pour ce même motif. Cela doit cesser[10]. »

Dans la précipitation, Jo Ann Gibson Robinson a remplacé « Claudette Colvin » par « Claudette Colbert », la fameuse actrice à laquelle la jeune fille doit son prénom. Sans intention de nuire, cet acte manqué est la première trace de l'effacement progressif de Claudette Colvin, bientôt remplacée par *Claudette Colvin*, double sombre de *Rosa Parks*. La jeune fille, pourtant bien réelle, est en train de devenir fiction. L'Histoire est en marche.

Au petit matin du 2 décembre 1955, cinquante-deux mille cinq cents tracts sont imprimés, Jo Ann Gibson Robinson peut partir donner son cours comme tous les vendredis matin. Une fois terminé, elle rejoint les membres du WPC, chacune chargée de quadriller un secteur prédéterminé de la ville, tracts en main. Elles doivent les distibuer dans les boîtes aux lettres des habitations et des établissements réservés aux noirs, écoles, boutiques, bars, salons de coiffure… Avant que la distribution ne commence, Jo Ann Gibson Robinson a informé E.D. Nixon, président de la NAACP, de son intention, sans lui demander son avis, le mettant ainsi devant le fait accompli. Avertie de l'action, Rosa Parks la soutient totalement, malgré les protestations de son époux, Raymond, qui craint que tout ça ne dégénère et qu'elle ne soit tuée. Les femmes ont pris le pouvoir, pour un temps. C'est dans cet état d'esprit que E.D. Nixon appelle Martin Luther King. Le pasteur King est celui qu'il faut convaincre en premier, c'est le plus jeune des leaders religieux de la ville et le dernier arrivé, donc celui qui a le moins à perdre. E.D. Nixon applique la stratégie des dominos. Il faut que le jeune pasteur accepte de prendre la tête du mouvement pour pouvoir faire basculer les autres leaders. C'est la seule condition pour que ces hommes, soucieux de leur statut, puissent s'impliquer sans se sentir en première ligne. Si le boycott échoue, ils pourront s'en laver les mains en étant sûrs que toute la faute retombera sur le petit nouveau. Conscient de tous ces enjeux, et à moitié convaincu par l'idée du boycott, Martin Luther King demande un délai de réflexion.

De son côté, Rosa Parks a décidé de ne rien changer à ses habitudes, et ce malgré l'entrefilet annonçant son arrestation paru dans le *Montgomery Advertiser*. Seule petite dérogation, au lieu de prendre le bus, elle demande à un ami de la conduire en voiture. Une heure après son arrivée sur son lieu de travail, son superviseur vient la voir. Avant même qu'il ne parle, Rosa Parks sait déjà qu'il ne se passera pas longtemps avant qu'elle ne perde son emploi. Ce sera chose faite un mois plus tard.

À l'autre bout de la ville, Martin Luther King pèse le pour et le contre avec sa jeune épouse Coretta qui racontera plus tard : « Si ça n'avait pas été pour lui (E.D. Nixon), Martin Luther King n'aurait pas été impliqué aussi tôt[11]. » Rosa Parks n'est pas du tout centrale dans la décision que vient de prendre le jeune pasteur. Il est vrai qu'à ce moment, il y a plus à perdre qu'à gagner. Martin Luther King a vingt-six ans, nommé depuis seulement un an à la Dexter Avenue Baptist Church, son premier poste, il vient d'être père, sa fille n'a même pas un mois, et le risque de se faire tuer est bien réel. Et on ne meurt pas pour une couturière de Montgomery qui a fait sécession dans un bus, pas encore. Pourtant, il accepte. Les deux hommes conviennent d'organiser une réunion avec les quarante-neuf autres leaders.

Pendant que les hommes mènent des tractations de couloir, les femmes sont dans la rue. Grâce à l'efficacité des membres du WPC, l'information concernant le boycott commence à faire le tour de Montgomery. Les tracts passent de main en main, le bruit court sans que personne ne sache d'où il est parti. Pendant qu'elle est en pleine distribution, Jo Ann Gibson Robinson est dénoncée au directeur de l'établissement où elle enseigne, l'Alabama State College, par une collègue qui a vu un tract dans la voiture de Jo Ann Gibson Robinson alors que celle-ci chargeait les cartons. Acte de pure malveillance. Au risque de perdre son emploi, elle défend sa position et, lorsque le directeur lui reproche de s'être servie du matériel de l'établissement pour imprimer ses tracts, elle s'engage à ce que le WPC rembourse chaque ramette de papier utilisée, sachant pertinemment que c'est elle qui paiera, le WPC n'ayant pas de trésorerie. Tout comme Rosa Parks, Jo Ann Gibson Robinson est prête à risquer beaucoup dans cette entreprise, ce qui n'est pas tout à fait le cas des leaders religieux. Dans l'église de la Dexter Avenue, les discussions avancent lentement, tout est bon pour refuser le boycott. Ceux qui y consentent aimeraient que tout ça reste secret, voulant à toute force éviter la publicité et les ennuis. On s'inquiète aussi de ce qu'une telle action coûtera à la communauté noire, les blancs prendront forcément des mesures de rétorsion et alors, en plus d'être maltraités dans les transports, les noirs seront aussi sans emploi. Le boycott est-il vraiment la solution ? La discussion s'enlise. E.D. Nixon prend alors la parole, s'emporte et rappelle que pendant que les hommes parlent, Jo Ann Gibson Robinson et les femmes qui l'entourent, elles, s'organisent, et continueront, avec ou sans eux : « Je dis que nous avons besoin de renverser l'histoire et de cesser de nous cacher derrière ces femmes qui font tout le travail pour nous[12]. »

C'est probablement à ce moment-là que naît la légende *Parks*, parce qu'en plus de permettre la création d'un mythe, elle est nécessaire à la bonne marche des traditions. Avec la légende d'une *Rosa Parks* décrite comme un petit être vertueux et distingué dont les pieds douloureux ont motivé le refus de se lever, les rôles peuvent se redistribuer selon les genres, ce ne sont plus des femmes qui se défendent elles-mêmes, ce sont des hommes, forcément forts, qui protègent des femmes, forcément faibles.

Et Claudette Colvin ? À King Hill, elle prend connaissance du tract qu'une voisine a rapporté. Elle y lit son nom mal orthographié et voit qu'on y mentionne une « autre femme noire ». Sur le tract, on ne précise pas qu'il s'agit de Rosa Parks, et son identité n'a pas encore circulé par le bouche à oreille. Pour Claudette Colvin, cette femme est donc simplement « l'autre femme », celle qui mérite tous les égards pour avoir fait ce qu'elle-même a initié neuf mois plus tôt dans une semi-indifférence. C'est exactement comme si, par un coup de baguette magique, elle pouvait voir l'histoire qu'elle aurait dû vivre. Elle devrait être cette « autre femme », celle dont on parle, celle pour qui on s'apprête à se battre. Au lieu de quoi, elle se cache à King Hill et se prépare à quitter Montgomery pour toujours, comme une criminelle. C'est un enterrement de première classe et son nom n'est même pas sur la tombe. Et puis, qui connaît la profondeur des tombes ? Même six pieds sous terre, on peut encore vous pousser plus au fond. C'est ainsi qu'après d'âpres discussions, lorsque les leaders religieux finissent par se rallier au mouvement, ils décident de faire un second tract qui reprend exactement les termes du premier, à l'exception de la partie faisant allusion à Claudette. RIP.

La Mère et le Fils

Le lundi 5 décembre est glacial et pluvieux. Mauvais jour pour un boycott. Tous se demandent comment les choses vont tourner. D'un côté, la fébrilité. Il y a Martin Luther King, dont c'est la première action à l'échelle de la ville. Si cette journée échoue, tout le monde le lâchera, c'est sûr. Fusible désigné, il devra certainement quitter Montgomery. Et il sait ce qui l'attend alors, retourner à Atlanta auprès de son père Martin Luther King senior, pasteur charismatique dont le jeune homme a fui l'influence en s'installant dans cette petite ville alors que la capitale de la Géorgie lui tendait les bras, pour peu qu'il accepte de jouer les doublures paternelles. Pour Jo Ann Gibson Robinson aussi, l'enjeu est crucial, cette journée, c'est son va-tout, elle la prépare depuis bientôt deux ans. Pour en assurer le succès, en plus des dix-huit taxis qui ont accepté de s'arrêter aux arrêts de bus moyennant dix cents, le prix d'un ticket, elle a réquisitionné tous les membres du WPC disposant d'un véhicule afin de transporter ceux qui vivent trop loin.

Au milieu, il y a Claudette Colvin, partagée entre amertume et espoir. Elle a rêvé d'un boycott et pourtant, si celui-ci réussit, la victoire aura un arrière-goût difficile à faire passer.

Et puis, il y a le maire et ses équipes, qui, eux, font confiance à Jim Crow. William A. Gayle est convaincu que le boycott est l'œuvre de quelques agitateurs qui ne remporteront pas l'adhésion des citoyens noirs de sa ville. Il veut croire que s'il n'y a jamais eu de boycott à Montgomery, c'est bien parce que ici blancs et noirs cohabitent parfaitement. Pour protéger les passagers, qu'il imagine nombreux et qui, dans son esprit, seront, à coup sûr, victimes de la violence des instigateurs du mouvement, il a prévu des escortes policières chargées d'accompagner les bus tout au long de leur parcours. Preuve qu'il n'a aucune conscience du mouvement qui se prépare, dont l'ancrage et les modes d'action relèvent bien plus des préceptes de Gandhi que de l'activisme terroriste.

Dans le bus de six heures qui passe devant les fenêtres de la famille King, il leur semble n'apercevoir aucun visage noir. Pas certain, Martin Luther King prend sa voiture et fait un tour de quartier. Partout, le même constat, les bus sont vides. Comme des âmes damnées, les véhicules orphelins, escortés de leurs deux policiers, cerbères inutiles, errent dans les rues d'une ville où tout se passe ailleurs, dans les taxis affrétés, sur les trottoirs, dans les voitures particulières. Et avec leur allure menaçante, les escortes policières ont sûrement achevé le travail, effrayant les derniers passagers qui s'apprêtaient à ne pas suivre le boycott. Un policier blanc, ça n'est jamais bon signe, alors deux…

De mémoire de noirs, jamais on n'avait vu ça. On se croise et on échange des regards entendus et incrédules, étonnés d'avoir réussi, ensemble, vieux, jeunes, riches, pauvres, hommes, femmes. Avoir fait courber, sans un mot, l'échine de Jim Crow. On n'a jamais vu ça. Il y avait eu d'autres lundis, des centaines, des milliers, mais c'est comme si celui-ci était le premier. «Jamais ils n'avaient été unis de cette façon[13] », notera Jo Ann Gibson Robinson. Alors c'était si simple? Sans un mot, sans un cri, s'affirmer uniquement par la force de l'absence. «Ce sont leurs bus, qu'ils les gardent[14] ! » pensaient-ils.

À 9h30, après avoir fait le même constat, *Rosa Parks* se rend au tribunal, escortée de son mari, Raymond, de E.D. Nixon, et de ses deux avocats Fred Gray et Charles Langford (l'autre avocat noir de la ville). Une femme et quatre hommes. Robe noire à col blanc sous un manteau gris, gants blancs, chapeau en velours noir, petit sac à main, regard droit et humble derrière ses lunettes métalliques, *Rosa Parks* est l'image de la respectabilité. Toute petite dans son grand manteau, toute frêle à côté de ces hommes, *Rosa Parks* est l'image du monde comme il doit être, les femmes sont petites et fragiles, les hommes sont grands et forts, il n'y a pas à sortir de là. Jo Ann Gibson Robinson n'est pas sur la photo, Claudette Colvin non plus. L'histoire s'écrit sans elles mais ce sont leur audace et leur vision singulière, qui, toute cette journée, donnent le *la*.

Cinq cents personnes venues soutenir *Rosa Parks*

attendent devant le tribunal. Dans la foule, une femme crie en la voyant: «Oh, elle est si mignonne! Ils se sont attaqués à la mauvaise personne[15].» *Rosa Parks* avance, droite et décidée. Elle dira plus tard: «Je savais ce que je devais faire[16].» Le procès dure cinq minutes, montre en main, James Blake, le chauffeur, en est le principal témoin. Il y a aussi cette femme blanche qui affirme qu'il y avait un siège vacant au fond du bus et que *Rosa Parks* a refusé de s'y asseoir. C'est faux, bien sûr, mais ça n'a aucune importance. Anticipant cette parodie de justice, ses avocats ont délibérément choisi de ne pas la faire témoigner. Comme Claudette Colvin, *Rosa Parks* plaide non coupable, et, comme Claudette Colvin, le juge la condamne, s'appuyant sur la loi de l'Alabama qui donne les pleins pouvoirs aux chauffeurs des bus, alors que son cas relève de l'ordonnance de la ville, celle qui dit que si aucun siège n'est vacant, on ne peut considérer comme contrevenante la personne qui ne céderait pas sa place. Mais qui s'en soucie? Les avocats de *Rosa Parks* savent tout ça, Claudette Colvin est déjà passée par là, ils ont d'ailleurs misé sur cette condamnation qui permet de donner plus de force au boycott et à la procédure à venir.

Le soir, plus de cinq mille personnes sont réunies dans la Holt Street Baptist Church, la plus grande église de la ville, située dans le quartier noir le plus pauvre, donc loin des blancs. On se serre au balcon, dans l'annexe, et même à l'extérieur où des haut-parleurs retransmettent les discours. Peut-être êtes-vous dans cette masse compacte qui s'étale devant l'église? À moins que vous ne soyez pris dans les embouteillages des rues adjacentes ? Je vous cherche, je vous vois, fébriles et exaltés, vous avez envie de pleurer et de rire, vous aimeriez que cette journée ne s'arrête jamais. *Free at last*, enfin libres. Sentez-vous ? Ce lundi de décembre chauffe les esprits comme un soir de plein été. Sentez-vous ?

Martin Luther King s'avance devant la salle survoltée. À part les fidèles qui fréquentent son église, on ne le connaît pas, c'est un nouveau. Martin Luther King n'est pas encore *Martin Luther King.* On l'observe. C'est vrai qu'il a belle allure, mais il est jeune, trop peut-être. Il prend la parole, sa voix est ferme, profonde, puissante :

— *L'autre jour, jeudi dernier pour être exact, une des meilleures citoyennes de Montgomery…*

— *Amen*, dit la foule attentive, tendue.

— *Pas une des meilleures citoyennes noires…*

— *C'est vrai*, dit la foule.

— *Mais une des meilleures citoyennes de Montgomery a été expulsée d'un bus, et conduite en prison et arrêtée parce qu'elle refusait de laisser son siège à une personne blanche.*

Il reprend son souffle et vous, noirs de Montgomery, vous êtes suspendus à ses lèvres. Vous, noirs de Montgomery, par votre ferveur, par votre présence électrique, par votre désir de faire corps, vous transformez décembre en brasier, vous changez le jeune pasteur King en *Martin Luther King* :

— *Mrs Rosa Parks est quelqu'un de bien.*
— *Bien dit*, crie la foule.
— *Et, puisque ça devait arriver, je suis heureux que ce soit arrivé à quelqu'un comme Mrs Parks, car personne ne peut douter de son intégrité sans limites et sans égale.*
— *Bien sûr*, dit la foule.
— *Personne ne peut douter de sa grandeur d'âme… Personne ne peut douter de son profond engagement chrétien et de sa dévotion à l'enseignement de Jésus. Et je suis heureux, puisque ça devait arriver, que ce soit arrivé à quelqu'un que personne ne peut accuser d'être un élément perturbateur dans la communauté. Mrs Parks est une chrétienne admirable, indéniablement, et surtout il y a de l'intégrité et de la force en elle. Et simplement parce qu'elle a refusé de se lever, elle a été arrêtée.*
— *Bien sûr*, crient les fidèles.

Entendez-vous ? Il dit ce que vous, noirs de l'Alabama des années 1950, souhaitez le plus ardemment que l'on vous dise. Il dit, cette femme c'est vous, cette respectabilité, cette grandeur d'âme, cette indéfectible force, c'est ce que vous êtes. Entendez-vous ? Il dit, nous sommes d'honnêtes chrétiens, nous ne sommes pas des sauvages, ni des bons à rien, nous ne sommes pas Jim Crow et nous ne sauterons plus comme des pantins atteints de démence. Il dit que le temps est venu, il dit que « le peuple est fatigué d'être piétiné par les semelles de fer de l'oppression », il parle des « abîmes d'humiliation », de la désolation. Il dit vous êtes nobles et admirables, et votre cause l'est plus encore. Il dit vous n'êtes pas une couleur, vous êtes l'Amérique, vous êtes la société modèle, vous avez votre place dans l'*American way of life*.

Entendez-vous ? Le nom de Claudette Colvin n'est pas prononcé durant ce meeting mais son ombre plane comme une menace dans chacune des phrases du pasteur King. S'il dit : « Je suis heureux que ce soit arrivé à quelqu'un comme Rosa Parks... » S'il dit : « Personne ne peut dire qu'elle est un élément perturbateur dans la communauté... » S'il dit : « Elle est une chrétienne admirable, indéniablement... », il affirme en creux ce que Claudette n'est pas, il installe l'idée que si toutes ces qualités avaient été réunies en une autre personne, alors, les noirs de Montgomery l'auraient suivie. Entendez-vous ? Il dit donc que *Rosa Parks* n'est pas Claudette Colvin, parce qu'elle est une victime indéniable, admirable, parce que, de ce fait, elle est tous les noirs. Elle est le miroir tendu, un reflet sans taches, sans ombres. Elle dit à ceux qui la soutiennent leur propre valeur, elle est « *bigger than life* », plus grande que la vie. Elle est tout à la fois, singulière et universelle.

Si tout ça avait eu lieu avant 1954, peut-être qu'aujourd'hui les rues, les squares, les bibliothèques porteraient le nom de Colvin, peut-être qu'il y aurait une journée de commémoration en son honneur, peut-être qu'elle aurait serré la main des grands hommes de ce monde. Mais depuis mai 1954, depuis l'arrêt qui a rendu la ségrégation à l'école illégale, les choses sont devenues beaucoup plus complexes, la respectabilité est désormais la pierre angulaire. Car, depuis, la propagande du

Ku Klux Klan et de tous les groupuscules suprémacistes blancs a redoublé de force. Tous agitent l'idée que la fin de la ségrégation sonnera, à coup sûr, le début d'une gigantesque bacchanale. Et la menace de voir la société plonger dans la débauche trouve un écho puissant dans la population blanche du Sud, elle prend comme un feu sur du bois sec. Un juge du Mississippi, Thomas P. Brady, publie, quatre jours après cet arrêt de la Cour suprême, le manifeste *Black Monday*, dans lequel il appelle les juristes à créer une organisation qui protégera la ségrégation par tous les moyens possibles. Ce sera le WCC (White Citizens Council), conseil de citoyens blancs, qui se veut le pendant de la NAACP. En six mois, rien que dans le Mississippi, le WCC recrute vingt-cinq mille membres. L'année suivante, il en compte près de quatre-vingt mille, deux cent cinquante mille dans tout le Sud. Des maires, dont celui de Montgomery, des sénateurs, des juges se déclarent solidaires du mouvement et assurent leur soutien au WCC comme s'il était officiellement « porte-parole de la défiance du Sud[17] ». Pour recruter, le discours du WCC s'appuie sur cette paranoïa sexuelle, avec en ligne de mire le métissage, outrage ultime. Dans les meetings, on présente les noirs comme des êtres amoraux qui se moquent de l'institution « sacrée » du mariage et se livrent régulièrement à des orgies. La femme noire y est dépeinte comme une personne violente multipliant les grossesses hors mariage et l'homme noir y est décrit comme un être irresponsable et hypersexué dont le fantasme secret serait de violer toutes les femmes blanches.

Walter Givhan, sénateur de l'Alabama et supporter du WCC, présente la fin de la ségrégation comme une simple ruse visant à « ouvrir les portes des chambres à coucher de nos femmes blanches aux hommes noirs[18] ». Avez-vous remarqué, quand on estime que la société est en danger, on dit toujours « nos » femmes, comme si elles appartenaient à la communauté, comme si elles étaient des biens meubles. Dans ces cas-là, on ne dit jamais « nos » hommes, puisqu'il est entendu que les hommes n'appartiennent qu'à eux-mêmes, puisqu'il est entendu qu'un homme blanc entrant dans la chambre à coucher d'une femme noire n'est pas une menace. Un politicien de Louisiane, le juge Leander Perez, déclare : « Quand vous faites croire à un nègre qu'il est l'égal des blancs, la première chose qu'il veut c'est une femme blanche. Et c'est pour ça qu'il y a tant d'agressions et de viols[19]. » CQFD. Dans les arguments avancés par la mairie de Montgomery pour justifier sa réticence à modifier les règles de placement dans les bus, il y a notamment la crainte que l'angle des sièges puisse amener les genoux des hommes noirs à toucher ceux des femmes blanches, ce qui serait déjà une incitation au viol compte tenu du caractère instable et pervers de ces hommes.

Voilà pourquoi, pour les leaders noirs, non seulement une victime doit porter une souffrance, mais elle doit aussi et surtout renvoyer une image irréprochable. La victime parfaite doit contredire par sa vie exemplaire les schémas suprémacistes. Elle doit être mariée, croyante, modeste sans être pauvre, noire sans être trop noire, femme sans être trop femme. Et voilà pourquoi

Rosa Parks, la quadragénaire, est une héroïne de son temps quand Claudette Colvin, elle, appartient déjà au passé. Elle arrive trop tard, ça n'est plus le temps où la NAACP et tous les leaders noirs de la ville se tenaient sans faillir aux côtés de Gertrude Perkins, malgré sa pauvreté, sa vie non conventionnelle et ses trois enfants. Il s'agissait alors de défendre la dignité d'une femme violée par des policiers blancs, quels que soient ses choix de vie. À présent, toute lutte doit présenter des garanties morales, et toute aspérité doit être gommée. Et c'est ainsi que le passé militant de Rosa Parks disparaît de l'Histoire, laissant place à l'image de la modeste couturière aux pieds fatigués. Ces pieds sont le détail qui parachève la mue de Rosa Parks en *Rosa Parks*, un détail aux accents christiques qui sort son geste du registre de l'esprit pour en faire un acte du corps, un acte innocent, le geste du martyr. Elle-même ne sait pas comment ses pieds sont devenus l'élément déclencheur de son refus. « Je n'ai jamais dit à personne que mes pieds étaient douloureux. C'est simplement quelque chose qui s'est répandu, je suppose parce qu'on souhaitait donner une autre raison que le fait que je refusais simplement d'être maltraitée[20]. » Lorsque après le discours de *Martin Luther King*, Rosa Parks s'avance, accompagnée d'un autre pasteur, le révérend French, qui doit la présenter à la foule, elle lui demande si elle doit parler. Il lui répond : « Vous en avez dit et fait assez, vous n'avez pas besoin de parler. » Preuve que l'humour peut se nicher partout car, jusque-là, si *Rosa Parks* a fait beaucoup, elle n'a quasiment rien dit.

Depuis son arrestation, elle n'a fait aucune déclaration à la presse et n'a même pas témoigné à son propre procès. D'ailleurs, on connaît si peu le son de sa voix que, lorsqu'elle se retrouve seule dans le cabinet de Fred Gray, son avocat, après son passage au tribunal, elle répond au téléphone à des journalistes qui, la prenant pour la secrétaire, la prient de bien vouloir demander à *Rosa Parks* de les rappeler dans les plus brefs délais.

Le révérend French s'avance : « J'ai la responsabilité, et ça n'est pas une tâche facile, de vous présenter la victime de cette immense injustice… » *Rosa Parks* fait son entrée sous un tonnerre d'applaudissements, pas un mot ne sortira de sa bouche. Son destin est scellé, dans tous les sens du terme. Un pasteur dira plus tard : « Mrs Rosa Parks a été présentée au meeting parce que nous voulions qu'elle devienne le symbole de notre mouvement de protestation[21]. » En une soirée, *Rosa Parks* a achevé sa métamorphose, elle est devenue un visage et *Martin Luther King* sera sa voix. Elle est la Mère du mouvement des droits civiques, une Mère silencieuse et bienveillante, courageuse et humble. Il est le Fils et le Saint-Esprit.

Ce soir-là, on vote à l'unanimité la prolongation du boycott en soutien à la vertueuse *Mrs Parks*. Ce qui ne devait durer que vingt-quatre heures, durera trois cent quatre-vingt-un jours. Ce soir-là, on décide de créer le MIA (Montgomery Improvement Association), une association qui prendra en charge le mouvement, et permettra de couper court aux attaques des suprémacistes blancs présentant systématiquement la NAACP comme une organisation nordiste et communiste (ce qui, en pleine guerre froide, est un argument de poids). Ni *Rosa Parks* ni Jo Ann Gibson Robinson ne sont dans l'organigramme, elles ne sont même pas conviées à la réunion. À la tête du MIA, *Martin Luther King*. Trésorier : E.D. Nixon. Responsable juridique : Fred Gray… Sur vingt-cinq membres du comité exécutif, une seule femme, Erna Dungee, membre du WPC, nommée comptable de l'association. Toute la visibilité revient aux hommes et toute l'organisation quotidienne du boycott sera l'œuvre de Jo Ann Gibson Robinson, plaçant les membres du WPC aux postes administratifs (l'une devient secrétaire personnelle de Martin Luther King, une autre assurera l'intendance…), organisant toutes les réunions stratégiques à son domicile, pilotant le bulletin d'informations du MIA ainsi que la logistique des transports. Les femmes redeviennent souterraines. Dès janvier 1956, un historien dira : « Le public reconnaît le révérend King comme étant *le* leader mais je me demande si Mrs Robinson n'est pas d'une égale importance[22]. » Et dans son autobiographie, Fred Gray écrit : « Peu de gens réalisent combien Jo Ann a fait et le rôle considérable qu'elle a joué pour améliorer la vie des Afro-Américains à Montgomery[23]… »

Et vous ? Vous étiez dans la foule, vous étiez un seul souffle, un seul corps, un seul cœur battant à l'unisson, vous avez fait naître la Mère et le Fils, *Rosa Parks* et *Martin Luther King*, vous avez baigné vos âmes à la source de leur grandeur et de leur vertu. Par eux, vous êtes entré dans le rêve, vous êtes devenu, pour un temps, autre chose, plus le noir américain, mais l'Américain, total, irréprochable, inexpulsable. À présent, faites un pas en arrière, sortez du cercle, éloignez-vous. Encore. Encore. Et maintenant, regardez-les, entendez-les. À mesure que vous reculez, les formes et les sons se font plus imprécis, mais votre désir d'en être, lui, devient plus fort, presque douloureux. Bien sûr, c'est là-bas que tout se passe, là où vous n'êtes pas. Bien sûr. Sentez-vous la morsure de décembre ? Même l'air que vous respirez fait mal. Regardez-les, et regardez-vous, vos mains, votre visage, votre corps qui s'étire malgré vous, vous êtes cette adolescente noire qui n'assistera pas au meeting, vous êtes cette jeune fille aux rêves aussi grands que l'Amérique qui regarde le monde tourner sans elle, vous êtes Claudette Colvin. Vous avez fait ce qui vous semblait juste, vous avez traversé les épreuves une à une, vous vous êtes écorché le cœur et l'âme, cette histoire devrait être la vôtre, pleinement. Pourtant, ce soir n'est que le début d'une mécanique qui, peu à peu, va non seulement vous maintenir à l'écart mais aussi vous réinventer. Vous pensiez vous appartenir, mais tout comme *Rosa Parks* et *Martin Luther King*, vous êtes devenue un élément de l'Histoire, une pièce du puzzle. Et, bien que personne ne sache plus aujourd'hui qui, le premier, a pointé du doigt les pieds de *Rosa Parks*, les désignant comme la cause de tout, j'aimerais trouver le conteur zéro, celui ou celle qui, comme dans les grandes épidémies, répand le premier le virus, celui ou celle par qui Claudette Colvin est devenue *Claudette Colvin*.

Ce que dit l'Histoire

Si vous faites une recherche sur *Claudette Colvin*, voilà ce que vous apprendrez, voilà ce que dit l'Histoire : *Claudette Colvin* a été éjectée du mouvement des droits civiques parce qu'elle était enceinte d'un homme marié et blanc. Certains articles ajoutent qu'elle était un garçon manqué, au caractère bien trempé et au langage fleuri. Voilà donc un personnage hors norme, une adolescente rebelle et marginale, résolue à défendre ses droits et ceux de ses compatriotes par-delà la morale et les convenances. Une combattante de la première heure, libre et anticonformiste, qui aura payé son engagement au prix fort. Ce qui définit donc *Claudette Colvin* aux yeux de l'Histoire, ce ne sont pas ses pieds, mais son ventre. Un ventre adultère et métis, inacceptable donc. Mais si l'Histoire a raison, alors sachez que tout ce que vous avez lu jusqu'à cette page est faux, et tout ce que raconte Claudette Colvin n'est qu'une fable, une fiction. Et après tout, pourquoi pas ? Si vous deviez raconter votre propre vie cinquante ans plus tard, qu'en diriez-vous ? Votre version serait-elle une transcription exacte du réel ? N'auriez-vous pas besoin ou envie de modifier quelques aspects ? Qui peut se dire avec objectivité ? Regardez ce détail qui vous caractérise, croyez-vous. Regardez cette anecdote de rien où vous êtes passé à côté de cette personne sans rien dire, croyez-vous. Vous auriez pu tout aussi bien lui parler. Vous auriez pu tout aussi bien lui dire quelques phrases, pour vous sans intérêt, et puis les oublier dans l'instant. Et cette fois où vous avez tourné à droite au lieu de prendre à gauche, vous en souvenez-vous ? Y avait-il une raison, une raison valable ? Qui pourra l'attester ? Combien seront-ils pour dire ce que vous croyez être, ce que vous croyez avoir dit ou fait ? Combien ? La différence entre votre vie et votre vie incluse dans le récit d'un autre, c'est qu'elle ne vous appartient plus, c'est qu'elle vous échappe. Où commence le réel ? Où démarre la fiction ? Les souvenirs de Claudette Colvin se heurtent aux articles, livres, comptes-rendus qui, depuis le jour de son arrestation, ont forgé sa légende. Rien ne colle, rien ne va, même la date de naissance de son fils est flottante. Pour tous, il est né en décembre 1955, pour elle, il est né en mars 1956. Pour tous, il est le fils d'un homme blanc, pour elle, il est l'enfant d'un métis très clair. Dans son autobiographie, *Rosa Parks* raconte que tout était en place pour faire de la jeune fille le symbole de la lutte jusqu'à ce que E.D. Nixon aille chez elle. Lors de sa visite, il découvre que non seulement *Claudette* est enceinte, mais qu'en plus, elle n'est pas mariée. Imaginez la scène : il se rend à King Hill chez les Colvin, la mère de Claudette refuse de le laisser entrer puis entrouvre la porte. Par l'entrebâillement, il aperçoit le ventre de *Claudette Colvin*, qu'on imagine enceinte de trois ou quatre mois. *Rosa Parks* écrit : «… c'était la fin du cas. Si la presse blanche avait appris cette information, ils auraient eu un boulevard. Ils l'auraient traitée de mauvaise fille et son cas n'aurait eu aucune chance[24]. » Plus loin, elle ajoute : « Donc la décision fut prise d'attendre un plaignant plus solide. Avant d'aller plus loin et d'investir plus de temps, d'effort et d'argent[25]. » Alors, suivons *Rosa Parks* et E.D. Nixon, et admettons que la grossesse de *Claudette Colvin* soit la raison de tout. Admettons que le fils de *Claudette Colvin* soit né en décembre. Dans ce cas, on peut envisager qu'elle soit enceinte dès mars. Mais si E.D. Nixon a pu voir son ventre, c'est forcément après son premier procès, celui du 18 mars. Avant, tout le monde aurait pu s'en apercevoir, y compris les policiers qui l'ont arrêtée, et on voit bien comment tout ça n'aurait pas manqué d'être utilisé lors du procès. Dans ces conditions, il paraît peu probable que Fred Gray, son avocat, Jo Ann Gibson Robinson ou Rosa Parks, se soient autant mobilisés. Par ailleurs, si Claudette Colvin avait été visiblement enceinte au moment des faits, elle n'aurait pas pu être lycéenne, l'école l'aurait renvoyée. Cette visite de E.D. Nixon a forcément eu lieu soit entre le procès de Claudette et son appel, c'est-à-dire entre le 18 mars 1955 et le 6 mai 1955, soit après l'appel. Mais après l'appel, le cas de Claudette avait déjà été vidé de sa substance, alors pourquoi

E.D. Nixon serait-il allé la voir quand tout était déjà joué ? Reste la période entre mars et mai 1955. Mais il y a fort à parier que son avocat n'aurait pas poussé pour faire appel, la sachant condamnée d'avance. Jo Ann Gibson Robinson aussi aurait dû s'en apercevoir, elle qui suivait le cas de près. Or, on ne trouve aucune trace de cet épisode dans leurs autobiographies respectives.

Il y a une autre anecdote qui présente exactement les mêmes caractéristiques. Le 21 octobre 1955, sept mois après Claudette Colvin et un mois et demi avant *Rosa Parks*, une autre jeune fille, Mary Louise Smith, dix-huit ans, étudiante, refuse de céder sa place dans un bus. Née à Montgomery, orpheline de mère depuis ses quinze ans, Mary Louise Smith est la troisième enfant d'une famille de six. Son père, Frank Smith, cumule deux emplois pour subvenir aux besoins de ses enfants. Toute la famille Smith vit à Washington Park, quartier pauvre de Montgomery semblable à King Hill. Lorsque Mary Louise Smith est arrêtée, l'affaire n'a pas le temps de se répandre, elle plaide coupable et son père paie immédiatement l'amende. L'histoire ressurgit quelque temps plus tard, lorsqu'un cousin de Mary Louise parle de cette arrestation pendant une réunion où se trouvent des responsables de la NAACP. Aussitôt, E.D. Nixon organise une rencontre avec Mary Louise et sa famille, rencontre à la suite de laquelle il conclut qu'elle ne pourra pas non plus être l'étendard du boycott. Cette fois-ci, ça n'est pas la jeune fille qui est en cause, mais son père, que E.D.

Nixon aurait trouvé, devant «leur cabane sordide[26]», «pieds nus, assis sur son perron, soûl[27]». Dans son autobiographie, Rosa Parks notera seulement qu'elle «... n'était pas un bon cas selon monsieur Nixon[28]...». Soit. Seulement, lorsqu'en 1995 un journaliste vient interviewer Mary Louise Smith à la faveur d'un article sur les quarante ans du boycott, non seulement il lui apprend qu'elle a été un temps envisagée comme le cas pouvant lancer le mouvement, ce qu'elle ne savait pas, mais, plus étonnant, elle découvre aussi que suite à cette fameuse enquête de moralité à laquelle elle n'a jamais participé, son père a été déclaré alcoolique alors qu'en réalité, il ne buvait pas. Par ailleurs, la famille Smith n'a jamais vécu dans une cabane, comme cela a été rapporté, mais dans une maison à deux étages. Quarante ans après, Mary Louise Smith découvrit donc ce que la légende avait fait d'elle.

La fille-mère, la fille d'alcoolique, et, dans les deux cas, au milieu, E.D. Nixon, le faiseur de diablesses et de saintes. En y réfléchissant, si l'Histoire a fait naître le fils de *Claudette Colvin* en décembre, j'y vois un parallèle romantique avec l'ascension, dans la même période, de *Rosa Parks*. L'une s'élève quand l'autre choit, voilà, c'est simple, net, et sans bavure, c'est biblique aussi, il faut toujours des femmes de mauvaise vie dans les récits d'élévation. Tous les éléments qui font qu'une histoire est une bonne histoire, une histoire qui nous semble vraie, avec ce petit plus qui la rendra légendaire, tout est donc respecté, et le spectacle va pouvoir commencer. *Rosa Parks* écrit dans son autobiographie: «Je n'avais pas de casier judiciaire, j'avais travaillé toute ma vie, je n'étais pas enceinte d'un enfant illégitime. Les blancs ne pourraient pas me pointer du doigt en disant que j'avais fait quoi que ce soit pour mériter un tel traitement à l'exception d'être née noire[29]. » Et l'opinion de tous les acteurs de cette époque converge en un point : *Rosa Parks* était la seule personne qui pouvait permettre que tout arrive. Mais qui peut dire ce qui se serait passé si Claudette Colvin avait été l'Élue ? Mary Louise Smith et Claudette Colvin venaient du même milieu, et c'est probablement ce qui faisait d'elles des cas pas assez « évidents » pour E.D. Nixon. *Rosa Parks*, bien que modeste, pouvait parler à la classe moyenne, elle en avait l'allure, les codes, les fréquentations. Avec sa peau claire et ses cheveux raides, elle était une émanation acceptable pour les blancs et enviable pour les noirs. Elle avait aussi une vie accomplie, impossible donc de s'y projeter en présageant du pire. La grande ironie de l'histoire, c'est que lorsque E.D. Nixon finira par quitter son poste de trésorier du MIA en 1957, c'est parce qu'il se sentira rejeté. Lui, l'autodidacte à la peau sombre, issu d'une famille pauvre, aura le sentiment d'être de trop parmi ces bourgeois diplômés. Le faiseur de saintes, dont on trouve les manières trop abruptes, sera alors expulsé du paradis, jugé pas assez « classe moyenne ». Meurtri, il écrira à *Martin Luther King* : « Je me sens traité comme un débutant au MIA. Ce sont mes rêves, mes espoirs et mon travail acharné depuis 1932 et je ne compte pas être traité comme un enfant[30]. »

Meurs, négresse, meurs

C'est ici, au seuil de ces pages, que se compteront les braves. Ici, il faudra se soumettre ou se démettre. Ici, les corps assiégés, dynamités, les cœurs harnachés, les âmes décidées, forceront l'Histoire. Ici, au seuil de l'année 1956, Claudette Colvin, partie pour un aller simple chez sa mère biologique, décide de revenir à Montgomery parce que c'est là où tout se passe. C'est ici que tout commence et que rien ne finit, celui qui a marché marchera encore, sur la haine, la peur, le mépris, sous les bombes et les cris, sous les torrents de calomnies, les océans d'insultes. « Meurs, négresse, meurs ! » disent quotidiennement les voix anonymes dans le combiné de *Rosa Parks.* Elle est de tous les meetings, conférences, réunions, elle participe à l'organisation du boycott, elle offre son visage aux photographes, aux cameramen, aux fidèles. « Meurs, négresse, meurs ! » C'est une guerre d'images et *Rosa Parks* est l'étendard virginal, la source où viennent s'abreuver les faiseurs d'Histoire, où viennent cracher les ségrégationnistes. Et pour toute compensation, elle reçoit des encouragements, des félicitations du jury, comme une élève satisfaisante. Ainsi va la vie de *Rosa Parks*. Quant à Rosa Parks, l'autre, la vraie, celle qui n'intéresse personne et vit dans les coulisses de sa propre existence, elle a été licenciée au tout début de l'année 1956. Peu de temps après, son mari, Raymond, a démissionné du salon où il officiait comme coiffeur, son employeur ayant interdit que le nom de *Rosa* soit prononcé dans ses locaux. Les Parks sont donc sans ressources. Évidemment, qui voudrait embaucher *Rosa Parks* ? « C'est bien d'être une héroïne, mais le prix à payer est élevé[31] », écrit alors Virginia Durr, militante blanche de la NAACP et amie de Rosa Parks, à un des membres influents du mouvement des droits civiques à qui elle demande un salaire pour l'héroïne. Pour toute réponse, elle reçoit ces mots : « Faire ce qui est juste n'est pas toujours la chose la plus simple[32]. » Non, ça ne l'est pas. Chaque jour est une épreuve renouvelée. Pour miss *Rosa*, comme pour vous. Marcheurs, je vous regarde avancer le long des routes, des rues, des avenues, le pas assuré, les sens en éveil. Marcheurs, je vous vois recevoir des insultes, des ballons remplis d'eau ou d'urine, des œufs pourris, des coups. Sentez-vous leur présence moite dans votre dos ? Celle de ces jeunes adolescents blancs, brûlants comme du métal en fusion, chauffés par les discours et les tracts du WCC : « Rejoignez le White Citizens Council. Réservé aux blancs. Avant qu'il ne soit trop tard. Aidez à préserver la ségrégation en Alabama[33]. » « La maison est en feu, nous devons nous réveiller[34] ! » Ils approchent, il faut accélérer le pas sans donner l'impression de fuir, il faut se préparer à bondir, à courir, à feinter. Ils ont la bouche remplie de menaces, les mains chargées de pierres, de légumes, de cordes. Marcheur, même traité comme un animal, attrapé au lasso, comme un taureau rétif, sous les ricanements et les sarcasmes, même pourchassé, il faut rester campé sur son humanité, fermement. Sur les porches de *Martin Luther King*, et E.D. Nixon, ils ont fait pleuvoir les bâtons de dynamite. Et les fenêtres de Jo Ann Gibson Robinson volent en éclats. Et la voiture de Jo Ann Gibson Robinson disparaît sous des ronds d'acide. Les voisins sont formels, les deux hommes qui ont fait fondre la carrosserie de la voiture portaient des uniformes de policiers. Et qui s'en étonnerait ? Clyde Sellers, le préfet de police de Montgomery, vient de rejoindre le WCC sous l'œil des caméras. Le message est fort et limpide : la police sera le bras armé des ségrégationnistes. Le vent du sud siffle, tremblez, nègres, tremblez. Les suprémacistes battent le rappel, les drapeaux sudistes refleurissent. Le maire ordonne à la police de briser le système de covoiturage mis en place par Jo Ann Gibson Robinson et les femmes du WPC, deux cents voitures privées qui sillonnent la ville en plus de la centaine de taxis qui ont accepté de baisser leur tarif. Désormais, toute infraction au code de la route sera durement sanctionnée et s'il n'y a pas d'infraction, on en trouvera. Toute personne noire, qu'elle conduise un véhicule ou qu'elle donne l'impression d'en attendre un, se verra verbalisée. En deux semaines, soixante-quatre personnes sont arrêtées et incarcérés pour des faits mineurs liés au code de la route, parmi elles, *Martin Luther King*. Et malgré tout, marcheurs, vous souhaitez continuer. Chaque soir, vous votez à l'unanimité pour la poursuite du boycott. Chaque jour, vous reprenez la route. Pour quelle raison ? Dans quel camp êtes-vous ? Progressiste ou modéré ? Jusqu'à la fin janvier, les plus progressistes du mouvement sont freinés par ceux qui ne voient dans le boycott qu'un moyen de faire aboutir des revendications désormais familières, celles-là mêmes que Jo Ann Gibson Robinson rédigeait il y a cinq ans déjà, celles, cent fois formulées, cent fois repoussées : plus de courtoisie dans les bus, l'embauche de chauffeurs noirs et une modification dans la répartition des sièges entre blancs et noirs. La chanson est la même, et malgré tout, les négociations piétinent, le maire et les leaders blancs exigent une suspension du boycott comme préalable à toute discussion, seule la proposition concernant la courtoisie fait consensus.

Et encore une fois, le maire creuse sa tombe, seul. Imaginez : il aurait cédé sur les trois mesures, le boycott aurait pris fin et chacun s'en serait retourné danser avec Jim Crow. *Martin Luther King*, serait resté Martin Luther King, une célébrité de l'Alabama, et puis ça aurait été tout, le président Eisenhower n'aurait rien su de tout ça, il n'aurait pas demandé une enquête au FBI sur les violences à Montgomery, les citoyens américains n'auraient pas découvert les *King*, ce beau et gentil couple toujours tiré à quatre épingles, ni *Rosa Parks*, cette femme admirable aux manières raffinées.

Mais William Gayle veut plaire à ses électeurs les plus extrémistes, il veut donner des gages au WCC qui rafle les adhérents par poignées, alors il serre la vis et souffle sur les braises, et par là, ouvre un boulevard à ceux qui, au sein du mouvement, voient le boycott comme une porte d'entrée vers la fin de la ségrégation. Le lendemain du jour où la bombe explose chez les *King*, les leaders du MIA donnent enfin leur feu vert à Fred Gray, le jeune avocat, pour lancer une procédure contre la ségrégation. Un second front s'ouvre donc en parallèle du boycott, une action qui vise à prouver que la ségrégation dans les bus va à l'encontre du quatorzième amendement, celui qui garantit l'égale protection des lois pour tous les citoyens. Pour mener à bien ce dossier, impossible d'impliquer *Rosa Parks* dont le procès est toujours en appel, il faut trouver des plaignantes qui aient vécu une situation similaire et acceptent de s'impliquer. Fred Gray laisse au MIA et à Jo Ann Gibson Robinson le soin de sélectionner les candidates.

Troisième acte

Sur le perron de King Hill, un homme monte les marches. Vous savez bien qu'il vient pour vous, mais vous savez aussi que s'il frappe, rien ne vous oblige à ouvrir. Vous êtes Claudette Colvin, seize ans, enceinte de sept mois. En moins d'un an, vous avez vécu dix vies, vous êtes tombée sous les flots de rumeurs nauséabondes, vous avez bu le calice jusqu'à la lie, vous avez touché du doigt la solitude, vous en connaissez les moindres recoins, elle est votre maison, votre ombre, une autre vous-même. Alors, rien ne vous oblige. Et pourtant, vous ouvrez, vous faites entrer cet homme qui, hier, était votre avocat et qui, depuis, ne vous a jamais contactée, ne serait-ce que pour prendre de vos nouvelles. Vous les faites asseoir, lui et son assistante, qui prend en note chacune de ses paroles. Vous regardez vos parents, la secrétaire de l'homme, l'homme. Dans son costume noir, du haut de ses vingt-cinq ans, il vous parle de cette action à laquelle il souhaiterait que vous preniez part. Il s'agirait que vous témoigniez devant une cour fédérale. Il s'agirait de prendre des risques, plus encore qu'hier. Qu'allez-vous dire ? Vous savez pour cet homme qui est à l'hôpital parce qu'il a reçu une pierre en plein visage, vous savez pour les bombes qui ont arraché le porche et les fenêtres du salon de *Martin Luther King*, alors que sa femme et sa fille étaient à l'intérieur. Vous savez que même le père de *Martin Luther King*, pasteur d'expérience et de renom, a fait le voyage depuis Atlanta pour supplier son fils de quitter Montgomery. Vous savez tout, et si quelques éléments vous avaient échappé, Fred Gray vous en fait le récit détaillé. Il tient à ce que votre engagement et celui de vos parents, puisque vous êtes mineure, soit pris en pleine connaissance de cause : « Je leur ai dit ce qui allait arriver, ce à quoi ils seraient exposés. Qu'il y aurait des coups de téléphone, qu'il y aurait des menaces[35]. » Qu'allez-vous dire ? Vous aurez quelques semaines seulement entre votre accouchement et le début du procès, il faudra se remettre vite, être forte et ferme. Réfléchissez, qu'allez-vous dire ?

Le 2 février 1956, le *Montgomery Advertiser* titre : « Cinq femmes noires attaquent les lois de la ségrégation devant la cour fédérale ». L'article s'ouvre sur ces lignes :

« Hier, cinq femmes noires de Montgomery ont déposé plainte, demandant que la cour déclare inconstitutionnelles les lois de ségrégation dans les transports de l'Alabama et de Montgomery. » Suivent ensuite les noms des cinq plaignantes :

— Aurelia Browder dont la *class action* portera le

nom, pour des raisons d'ordre alphabétique : Browder contre Gayle (le maire de Montgomery). Trente-sept ans, militante de la NAACP, veuve, mère de six enfants. Couturière le jour, elle suit des cours du soir à l'Alabama State College, c'est là qu'elle a rencontré Jo Ann Gibson Robinson qui l'a convaincue de se joindre à la procédure. Aurelia Browder a été arrêtée le 29 avril 1955 pour avoir refusé de laisser sa place dans un bus.

— Susie McDonald, soixante-dix-sept ans, arrêtée le 16 octobre 1955.

— Mary Louise Smith, dix-neuf ans, arrêtée le 21 octobre 1955.

— Jeanetta Reese, soixante-quatre ans, et Claudette Colvin, seize ans, la seule de ces cinq femmes à avoir plaidé non coupable et à avoir déjà intenté une action en justice.

Sur cette même page du *Montgomery Advertiser*, on trouve un article sur l'attentat qui, la veille au soir, a fait du porche de E.D. Nixon un trou béant. Cette page de journal est à l'image de la contraction du temps qui s'opère dans cette année 1956. Tout s'accélère, tout va plus vite. Chaque camp avance ses pièces et la partie se joue sur deux échiquiers à la fois, un visible et un caché. Pour chaque pion déplacé, il y a des conséquences doubles, parfois triples.

Dès la parution de l'article, Jeanetta Reese se rétracte, accusant Fred Gray de l'avoir impliquée dans une action dont elle n'avait pas connaissance. Bien que possédant les preuves de sa bonne foi, le jeune avocat est immédiatement poursuivi par les autorités de l'Alabama pour avoir prétendu représenter Jeanetta Reese dans une procédure sans son consentement. Excellent moyen pour la ville de mettre l'avocat sur la touche. On découvrira plus tard qu'ayant travaillé comme employée de maison pour un haut gradé de la police de Montgomery, Jeanetta Reese a subi des pressions et des menaces de la part du maire et du préfet.

Comptez-vous, vous n'êtes plus que quatre, et rien ne vous garantit que le 11 mai, date de l'audience, les trois autres seront encore là. Même la présence de votre avocat est devenue incertaine. En plus d'être accusé d'avoir illégalement mis Jeanetta Reese dans la liste des plaignantes, son dossier militaire est mystérieusement révisé, le faisant passer d'exempté à appelé. Non, à partir de maintenant, la seule chose dont vous soyez sûre c'est que vous représentez un danger pour les blancs comme pour les noirs. Même le révérend Johnson, qui vous connaît depuis toujours, est venu vous voir pour vous demander si vous étiez certaine de votre choix. Jeanetta Reese a presque cinquante ans de plus que vous et il ne lui a fallu que quelques minutes seulement pour renoncer, alors est-ce qu'il ne serait pas plus simple de s'arrêter là ?

Quinze jours plus tard, un grand jury constitué par le juge Carter, celui-là même qui vous a condamnée un an plus tôt, met en accusation quatre-vingt-dix-huit personnes noires, coupables, selon lui, de violer une loi de 1921 qui interdit le boycott, s'il est « sans cause juste et légale ». Parmi eux, *Rosa Parks*, Jo Ann

Gibson Robinson, E.D. Nixon, Fred Gray, *Martin Luther King*, vingt-trois autres pasteurs (dont le révérend Johnson) ainsi que des conducteurs qui ont pris part au système de covoiturage. Plutôt que d'attendre les arrestations, et tablant sur l'impossibilité pour les autorités d'incarcérer près de cent personnes, il est décidé que tous viendront se livrer en même temps. Ce qu'il reste aujourd'hui de ce pied de nez aux autorités, ce sont les photos anthropométriques de ces hommes et femmes, vêtus avec soin et élégance. On comprend mieux l'impression qui s'en dégage, comme s'ils étaient maîtres de la mise en scène, comme s'ils avaient le choix de ce qu'ils veulent donner à voir.

Mars 1956, vous êtes toujours quatre, vous êtes toujours là, vaillante, inquiète mais sereine. Vous êtes dans le présent et dans l'avenir, dans ce rôle de mère qui vous attend et dans cette tension quotidienne. Chaque jour, un événement répond à un autre. Là-bas, la première étudiante noire a fait son entrée sur le campus de l'université de l'Alabama, sous protection policière. Ici, dix mille suprémacistes se sont rassemblés et ont appelé à donner à *Rosa Parks* « une bonne leçon ». Et puis, il y a le procès de *Martin Luther King*, premier des quatre-vingt-dix-huit inculpés à passer devant la justice. Au terme de trois jours d'audience, sans surprise, il est déclaré coupable, condamné à mille dollars d'amende et trois cent quatre-vingt-six jours de prison. Il ne les fera jamais.

Le temps s'accélère. Vous voilà aux portes d'avril, sur une table de l'hôpital de Montgomery. Vous observez celui que désormais on nommera « votre fils ». Vous voilà mère d'un petit Raymond à la peau et aux yeux clairs, que tous regardent comme une anomalie, comme une tache. Vous êtes au cœur du paradoxe, il faut avoir la peau suffisamment claire, mais pas trop. Vous assumez, sans broncher, les reproches et les sous-entendus. Pour eux, vous êtes celle qui a fauté avec un blanc. Mais vous, vous savez que vous êtes en chemin pour faire vaciller l'ordre blanc.

L'heure a sonné. Le 11 mai, cent cinquante-neuvième jour du boycott, s'ouvre le procès Browder contre Gayle devant trois juges fédéraux qui doivent statuer sur la constitutionnalité des lois de ségrégation dans les transports de l'Alabama et de Montgomery. Lorsque vous arrivez devant le tribunal, vous voyez la foule venue vous soutenir, et les journalistes, et les caméras, et les photographes, qui, tous, resteront à l'extérieur puisque la presse est interdite d'audience. Puis, vous montez dans la salle en utilisant l'ascenseur réservé aux noirs. À 9 h 01, vous vous levez, comme toute la cour, pour saluer l'arrivée de ces trois hommes blancs dont dépend votre avenir, Richard Rives, soixante et un ans, Seybourn Lynne, quarante-trois ans, et Frank Johnson, trente-sept ans, dont c'est la première grosse affaire. Il est prévu que vous soyez la dernière à parler. La première est Aurelia Browder, suivront Susie McDonald et Mary Louise Smith. C'est la première fois que vous les voyez, vous découvrez l'histoire de chacune, vous vous sentez forte et solidaire. Vous comprenez aussi où veut en venir l'avocat du maire, Walter Knabe, dont toutes les questions visent à faire avouer à chacune d'entre elles que leur décision de ne plus prendre le bus n'est pas liée aux mauvais traitements qu'elles y ont subis, mais à l'injonction de *Martin Luther King*. La stratégie de la ville est de prouver que le problème n'est pas la ségrégation mais le boycott, qui représente une menace pour la sécurité de tous les citoyens. Le maire, appelé à la barre, confirme qu'il croit à la ségrégation et rajoute que c'est son travail de faire en sorte que les lois soient appliquées. Quand on lui demande s'il y a eu des problèmes de violence depuis le début du boycott, le maire répond : « Ma responsabilité est d'anticiper, pas d'attendre que les problèmes apparaissent. » Propos appuyés par le responsable de la police, qui, lui, prédit que « la violence sera constante si on supprime les lois de ségrégation ». Affirmation à laquelle le juge Rives répond par cette question : « Pourriez-vous demander à un homme d'abandonner ses droits constitutionnels pour empêcher un autre homme de commettre un crime ? » Visiblement, oui.

Après Aurelia Browder, Susie McDonald et Mary Louise Smith, vient votre tour. C'est à vous de lever la main droite et de jurer de dire la vérité, toute la vérité.

— *Déclinez votre identité.*

— *Claudette Colvin.*

Vous voilà racontant à nouveau le jour qui a changé votre vie, ce 2 mars 1955 où vous avez décidé de ne pas obéir. Vous refaites le trajet, depuis votre entrée dans le bus jusqu'à votre séjour dans la cellule d'une prison pour adultes. Votre avocat vous demande si les policiers savaient que vous étiez mineure. Vous répondez que oui, ils le savaient. Votre avocat conclut en vous demandant si vous avez été condamnée pour avoir violé les lois de la ségrégation, vous répondez que oui, vous avez été condamnée. Votre avocat vous remercie, se retire et laisse place à la défense, à Walter Knabe. Son idée à lui c'est que vous êtes la plus jeune, donc la plus fragile. Il veut vous pousser dans vos retranchements sans vous laisser aucun répit. Vous êtes sa dernière chance de faire entendre que sans *Martin Luther King*, pas de boycott.

WALTER KNABE : *Vous et les autres noirs, vous avez changé d'idées depuis le 5 décembre, n'est-ce pas ?*

CLAUDETTE COLVIN : *Non, monsieur. Nous n'avons pas changé d'idées. Ça a toujours été en moi depuis que je suis née.*

Vous résistez, il change de voie.

WALTER KNABE : *Avez-vous un leader ?*

CLAUDETTE COLVIN : *Avons-nous un leader ? Notre leader c'est simplement nous-mêmes.*

WALTER KNABE : *Mais quelqu'un parle pour le groupe ?*

CLAUDETTE COLVIN : *Nous parlons tous pour nous-mêmes.*

Et encore.

WALTER KNABE : *Mais quelqu'un parle pour votre groupe. Qui est-ce ?*

CLAUDETTE COLVIN : *Je ne sais pas, nous parlons tous pour nous-mêmes.*

Et toujours.

WALTER KNABE : *Je vous demande simplement si le révérend King est un des leaders qui représentaient votre groupe à ce moment-là et rapportaient aux responsables de la ville ce que les noirs voulaient.*

CLAUDETTE COLVIN : *Probablement mais je n'en sais rien.*

Il s'échauffe et demande aux juges de vous enjoindre de répondre aux questions plus directement. Le juge Rives s'exécute et vous demande de ne plus répondre que par oui ou par non.

JUGE RIVES : *Ne faites pas de discours.*

Alors c'est ce que vous faites, vous répondez par oui ou par non, à des questions de plus en plus sinueuses qui conduisent toutes au même endroit, à *Martin Luther King*. Vous répondez par oui ou par non, jusqu'à cette question :

WALTER KNABE : *Pourquoi avez-vous cessé de prendre le bus le 5 décembre ?*

CLAUDETTE COLVIN : *Parce que nous étions mal traités, avec grossièreté et méchanceté.*

Walter Knabe s'incline, il n'a plus d'autre question.

Anonyme

Un mois plus tard, les juges de la cour fédérale déclarent à deux voix contre une que les lois de ségrégation de Montgomery et de l'Alabama sont inconstitutionnelles. Comment voyez-vous la scène ? On se prend dans les bras, on se félicite, on s'embrasse ? Ça se passe chez les *King*, chez *Rosa Parks*, dans les locaux du MIA ou directement chez votre avocat ? Qui est présent ? Il y a des gens que vous connaissez, et d'autres que vous êtes étonnée de voir là, assis dans un salon de Montgomery, des personnalités, comme Harry Belafonte, le chanteur métis à la voix de miel, qui est devenu un ami des *King*. Incroyable. L'ambiance est chaleureuse, on vous remercie tout en sirotant une citronnade préparée par la maîtresse de maison, vous reprenez une part de ce cake délicieux, quelle belle journée. Dans la réalité, personne ne vous appelle pour vous donner les résultats du procès et vous dire qu'une marche importante a été franchie, même si la ville a immédiatement fait appel de la décision, même si, à présent, c'est à la Cour suprême d'invalider ou d'entériner la décision de la cour fédérale. Dans la réalité, vous apprenez la nouvelle comme tout le monde, par les journaux, et vous savez bien que jamais plus vous ne reverrez ces gens. De toute façon, votre priorité n'est plus là, vous avez un enfant à nourrir, et trouver un emploi à Montgomery quand on a fait vaciller la ségrégation est une lutte de chaque instant. Cinq mois plus tard, alors que *Martin Luther King* se trouve à nouveau face au juge Carter qui, cette fois, s'apprête à statuer sur l'illégalité du système de covoiturage, la nouvelle tombe en pleine audience : la Cour suprême vient de confirmer la décision de la cour fédérale déclarant inconstitutionnelle la ségrégation dans les transports de l'Alabama. Voilà, l'arrêt Browder contre Gayle vient d'entrer dans l'Histoire, quatre femmes ont fait tomber une loi vieille de soixante ans, ouvrant la voie à la fin de la ségrégation dans les transports de tous les États de la Cotton Belt.

Le 20 décembre 1956, après trois cent quatre-vingt-un jours, c'est la fin du boycott et la fin officielle de la ségrégation dans les bus de Montgomery. Le lendemain, *Martin Luther King* et trois autres leaders noirs et blancs montent dans un bus. Ces photos feront le tour du monde. Aucune des quatre plaignantes n'aura droit à son portrait, pas plus que Jo Ann Gibson Robinson, et seul le magazine *Look* prendra quelques photos de *Rosa Parks*. Parmi elles, celle, devenue célèbre depuis, où on la voit, assise dans un bus, son sac sur les genoux, la tête tournée vers la fenêtre, le regard pensif. Derrière elle, un homme blanc, tout aussi songeur, regarde dans la direction opposée. Cet homme blanc n'existe pas vraiment, c'est le journaliste en charge de l'article qui a pris la pose. Cet homme blanc mettra des années à venir s'asseoir derrière ou à côté d'un noir sans penser que quelque chose n'est pas à sa place. D'ailleurs, dès le 27 décembre, les bus sont la cible de snipers, Rosa Jordan, une jeune femme noire de vingt-deux ans, enceinte de huit mois, est touchée aux deux jambes. On plastique des églises, des maisons, des magasins tenus par des noirs, on intensifie le harcèlement téléphonique, les menaces. Le maire annonce qu'il fera tout ce qui est nécessaire pour maintenir les lois de la ségrégation. Jim Crow s'accroche. Mais bientôt, d'autres villes démarrent leur propre boycott, avec le soutien de *Martin Luther King*. Le mouvement des droits civiques est lancé, qui mènera le pasteur *King* jusqu'au Lincoln Memorial de Washington où, devant des centaines de milliers d'Américains noirs et blancs, il rêvera à voix haute, «*I have a dream*». Et puis plus tard, le prix Nobel. Et puis plus loin, l'assassinat sur le balcon d'un hôtel de Memphis où le temps s'est arrêté, un 4 avril 1968.

Toutes ces nouvelles, vous les apprendrez par les journaux ou la télévision, mais vous n'en discuterez avec personne. Vous ferez comme vous a dit votre mère, vous vous tairez pour ne pas attirer l'attention, pour ne pas perdre votre boulot. Vous ferez comme vous a dit votre mère, parce que vous avez été forcée de partir, contrainte à l'exil. Comme Rosa Parks, vous avez quitté Montgomery où trouver un travail est mission impossible pour des femmes telles que vous. Comme Rosa Parks, vous avez laissé le Sud pour le Nord, elle, à Détroit, vous, à New York. Vous y avez inventé une nouvelle vie où vous n'êtes personne. Rosa Parks, elle, s'est trouvé un travail d'assistante et poursuit sa carrière militante, même si, à mesure que les années passent, on sait de moins en moins qui elle est. Tout l'espace est pris par la voix et le visage du *King*, à tel point qu'elle se souvient d'une marche de protestation en 1965 dans laquelle elle ne parvenait pas à rester : « Ils ne cessaient de me faire sortir de la marche, me disant que je n'étais pas censée être là. J'ai été éjectée de cette marche à trois ou quatre reprises[36]. » Il faudra la mort du grand homme pour que Rosa Parks redevienne *Rosa Parks* et prenne cette stature iconique que nous lui connaissons désormais. Au milieu des années 1970, les premiers articles célébrant les vingt ans du boycott canonisent cette femme de plus de soixante ans, lançant un mouvement qui ne s'arrêtera plus. Pour cinquante articles sur *Rosa Parks*, il y en aura un sur vous, qui racontera tout, sauf le réel. Vous y serez dépeinte comme *Claudette Colvin*, la fille-mère. Mais ça n'a aucune importance, pour tous, vous êtes une aide-soignante anonyme travaillant dans un hôpital de New York. Avez-vous su pour Jo Ann Gibson Robinson ? Elle aussi a quitté Montgomery, quelques années après vous, trop tôt pour voir les deux premiers chauffeurs noirs prendre leur service, mais suffisamment tard pour subir les pressions constantes du maire à l'égard des fonctionnaires noirs qui avaient pris part au boycott. Comme nombre d'enseignants de l'Alabama State College, Jo Ann Gibson Robinson a démissionné, sous la contrainte. En 1960, elle est partie, à regret, en Californie où elle a enseigné jusqu'à sa retraite en 1976, tout en maintenant ses activités militantes et en conservant des liens étroits avec les *King*. Avez-vous lu son livre ? Elle y parle de vous avec une grande tendresse. Elle y dit que vous étiez courageuse, que vous n'étiez pas une mauvaise fille, bien au contraire. Elle vous y décrit comme : « … très bonne élève, calme, bien élevée, soignée, intelligente, jolie et très pieuse[37]. » Elle y dit que vous ne cherchiez pas la notoriété mais la justice. Non, je pense que vous ne l'avez pas lu. Vous avez continué à soigner inlassablement ceux qui pouvaient l'être et à pleurer ceux qui ne le pouvaient pas. Votre premier fils ne le pouvait pas. Raymond est mort d'overdose après une vie d'entre deux rives, à l'image de cette époque fiévreuse et tourmentée qui l'a vu naître.

Je ne sais plus comment j'ai appris que vous étiez en vie, mais je me souviens m'être dit alors que, quelque part aux États-Unis, vous parliez, riiez, arpentiez les rayons d'un supermarché Walmart un Caddie à la main, comme n'importe qui, comme tout le monde. J'ai pensé que parfois quelqu'un s'arrêtait près de vous pour vous dire : « Miss Colvin, vos quinze ans ont changé ma vie. » Je me suis demandé ce qui arrivait alors. En étiez-vous touchée ou inquiète ? Hâtiez-vous le pas ? Lorsque j'ai voulu vous parler, vous voir peut-être, vous m'avez fait répondre que vous ne souhaitiez plus être dérangée, que tout avait été dit, et qu'à présent, vous comptiez retourner dans le silence qui vous avait toujours accompagnée. Vous souhaitiez redevenir une de ces silhouettes qui parcourent les rues, sans éclat, sans susciter rien d'autre que l'indifférence, désireuse de ne pas être à nouveau maltraitée par l'Histoire.

Aujourd'hui, vous avez soixante-quinze ans[38]. *Martin Luther King*, *Rosa Parks*, Jo Ann Gibson Robinson, E.D. Nixon, tous ont disparu. Ici et ailleurs, des boulevards, des rues, des avenues, des places, des squares, des écoles, des bibliothèques portent le nom de *Rosa Parks*. Elle est dans tous les dictionnaires, toutes les encyclopédies. C'est à elle que Nelson Mandela, tout juste libéré de prison, souhaita rendre visite. Et, comme un chef d'État, sa dépouille fut exposée deux jours durant dans la rotonde du Capitole pour un hommage public. Avez-vous fait le voyage jusqu'à Washington ? L'avez-vous vue, étendue dans ses habits d'héroïne ?

Aujourd'hui, vous avez soixante-quinze ans, et le président des États-Unis est un homme noir dont la mère est blanche.

Aujourd'hui, vous avez soixante-quinze ans et, à Montgomery, il y a enfin une rue qui porte votre nom.

Aujourd'hui, vous avez soixante-quinze ans et, lorsque je vous regarde, je me dis qu'il fallait être quelqu'un pour être celle qui n'était pas *Rosa Parks*.

ÉPILOGUE

Pendant que j'écrivais ces pages, des policiers blancs ont fait l'objet d'une enquête pour avoir publié des photos de soirées « négros » où ils se peignent le visage en noir, portent des boubous et des bananes autour du cou ou de la taille. Pendant que j'écrivais ces pages, le propriétaire blanc d'une équipe de basket a enjoint à sa petite amie, pourtant pas franchement blanche, de ne pas fréquenter de noirs. Pendant que j'écrivais ces lignes, une ministre s'est fait traiter de guenon et le vice-président d'une fédération de football a déclaré en parlant d'un joueur noir : « Quand il est arrivé, il mangeait des bananes, aujourd'hui, il joue titulaire en série A. » Pendant que j'écrivais ces lignes, un grand jury, majoritairement blanc, a décidé de ne pas renvoyer devant la justice un policier blanc ayant abattu de six balles à bout portant un jeune noir non armé. Pendant que j'écrivais ces mots, des milliers, des millions de gens, de couleurs, de cultures différentes, se sont rencontrés, aimés et ont fait des enfants qui brouilleront les pistes, pourtant bien balisées, de la pensée raciste. Pendant que j'écrivais ces mots, un homme blanc marié à une femme noire et père de deux enfants métis est devenu le maire de New York. Il faudrait être fou pour penser que depuis les années 1950 tout a changé, que le racisme n'existe plus, que chacun avance sans préjugés ; mais il faudrait être aveugle pour ne pas voir que pour cent reculs il y a mille avancées. C'est sur elles que je mise. Jim Crow saute toujours, mais la différence entre hier et aujourd'hui, c'est peut-être que nous ne pensons plus que c'est la seule chose qu'il puisse faire.

Paris, 2014.

NOTES

1. Pannonica de KOENIGSWARTER, *Les Musiciens de jazz et leurs trois vœux*, Paris, Buchet-Chastel, 2006, p. 224.

2. Rosa PARKS with Jim HASKINS, *Rosa Parks. My Story*, New York, Puffin Books, 1992, p. 82.

3. Jo Ann GIBSON ROBINSON, *The Montgomery Bus Boycott and the Women who Started it*, Knoxville, The University of Tennessee Press, 1987.

4. *Ibid.*, pp. 10-11.

5. *Ibid.*, p. VIII.

6. Rosa PARKS with Jim HASKINS, *Rosa Parks. My Story*, *op. cit.*, p. 112.

7. Jo Ann GIBSON ROBINSON, *The Montgomery bus boycott and the women who started it*, *op. cit.*, p. 42.

8. *Ibid.*

9. Fred GRAY, *Bus Ride to Justice*, Montgomery, NewSouth Books, 2002, p. 49.

10. Phillip HOOSE, *Claudette Colvin. Twice toward Justice*, New York, Square Fish, 2009, p. 63.

11. Donnie WILLIAMS with Wayne GREENHAW, *The Thunder of Angels. The Montgomery bus Boycott and the People who Broke the Back of Jim Crow*, Chicago, Lawrence Hill Books, 2006, p. 60.

12. *Ibid.*, p. 66.

13. Jo Ann Gibson Robinson, *The Montgomery bus boycott and the women who started it*, *op. cit.*, p. 61.

14. *Ibid.*, p. 60.

15. Rosa Parks with Jim Haskins, *Rosa Parks. My Story*, *op. cit.*, p. 133.

16. *Ibid.*, p. 132.

17. Danielle L. McGuire, *At the Dark End of the Street*, New York, Vintage Books, 2010, p. 94.

18. *Ibid.*, p. 140.

19. *Ibid.*

20. Jeanne Theoharis, *Want to Start a Revolution ? Radical Women in the Black Freedom Struggle*, edited by Dayo F. Gore, Jeanne Theoharis and Komozi Woodard, New York, New York University Press, 2009, p. 124.

21. Danielle L. McGuire, *op. cit.*, p. 107.

22. *Ibid.*, p. 110.

23. Fred Gray, *Bus Ride to Justice*, Montgomery, NewSouth Books, 2002, p. 40.

24. Rosa Parks with Jim Haskins, *Rosa Parks. My Story*, p. 112.

25. *Ibid.*

26. Marisa Chapell, Jenny Hutchinson, Brian Ward, *Gender and the Civil Rigths Movement*, edited by Peter J. Ling and Sharon Monteith, New Brunswick, New Jersey, Rutgers University Press, 2004, p. 86.

27. *Ibid.*, p. 85.

28. Rosa Parks with Jim Haskins, *Rosa Parks. My story*, *op. cit.*, p. 112.

29. *Ibid.*, p. 125.

30. *The Papers of Martin Luther King, Jr. Vol IV. Symbol of the Movement. January 1957-December 1958*, Berkeley, Los Angeles, University of California Press, 2000, p. 217.

31. Jeanne Theoharis, *Want to Start a Revolution ? Radical Women in the Black Freedom Struggle*, *op. cit.*, p. 126.

32. *Ibid.*

33. Jo Ann Gibson Robinson, *The Montgomery Bus Boycott and the Women who Started it*, *op. cit.*, p. 110.

34. Troy Jackson, *Becoming King. Martin Luther King Jr. and the Making of a National Leader*, Lexington, The University Press of Kentucky, 2008, p. 82.

35. Phillip Hoose, *Claudette Colvin. Twice toward justice*, *op. cit.*, p. 84.

36. Rosa Parks with Jim Haskins, *Rosa Parks. My Story*, *op. cit.*, p. 170.

37. Jo Ann Gibson Robinson, *The Montgomery bus boycott and the women who started it*, *op. cit.*, p. 37.

38. L'année de la rédaction : 2014.

L'ASSIGNATION

Les Noirs n'existent pas

«Pour nous, celui qui adore les Nègres est aussi "malade" que celui qui les exècre.»

Frantz FANON

— Et vous, en tant que Noire, qu'est-ce que vous en pensez ?

Été 2016. Une journaliste française souhaite avoir mon avis sur un sujet brûlant : Katy Perry, chanteuse pop américaine blanche, interprète du fameux *I Kissed A Girl*, s'est fait des tresses africaines. Katy Perry s'est fait des tresses. Il s'agit là d'un cas manifeste « d'appropriation culturelle », du moins c'est ce qu'en pensent des associations qui se sont senties profondément choquées par ce choix « déplacé et irrespectueux à l'égard de la culture Noire ». Dans la voix de la journaliste j'entends beaucoup de précautions, de guillemets, elle ne dit pas blanc et noir mais « Blanc » et « Noir ». Par ces guillemets je comprends, non seulement qu'elle est blanche, mais aussi qu'elle ne souhaite pas prétendre à une expertise qui ne serait que la mienne, mon expertise de Noire.

Oui, mais qu'est-ce qu'une Noire ?

J'essaie de me souvenir du temps où je n'étais pas

Noire, mais seulement noire, sans majuscule. Ce temps où noire était un adjectif, pas un nom. Une couleur. C'est un exercice en soi. Je passe en revue les souvenirs, la cité, les copains, l'école, les colos, le bac, la prépa, les chagrins d'amour, les premiers boulots, les concours... Mais dans toutes ces images, je suis déjà Noire. Se souvenir de l'avant semble impossible. Et pourtant, il faut poursuivre. Je trouve une photo de moi petite fille, j'ai trois ans, peut-être quatre, la date au dos s'est effacée. Radieuse, je porte une perruque, une perruque d'adulte à cheveux courts, bruns et raides. Ma mère l'avait achetée pour voir si cette coupe pourrait lui aller. Ma mère qui a les cheveux raides et les yeux vairons, et dont on me dit sans arrêt qu'elle ne « ressemble pas à une Noire », ce qui a l'air d'être une chance.

Mais qu'est-ce qu'une Noire ?

Une de nos voisines, madame Bernard, femme blanche, la cinquantaine, qui me garde alors de temps en temps, s'acharne à essayer de me raidir les cheveux à coups de brushing, parce que « Les Noirs, faut dire que vous êtes pas gâtés, les cheveux crépus ça ressemble à rien. Regarde-moi ça, on dirait du crin ! » Je découvre les mots « crin » et « crépu » et, à la moue désapprobatrice de madame Bernard, je comprends que ce ne sont pas des compliments. Le fils aîné de madame Bernard, Nicolas, aime faire des blagues :

« Tu sais pourquoi y a pas besoin de mettre de ceintures de sécurité dans les voitures des Noirs ?

— Non, pourquoi ?

— Parce qu'il suffit de mettre du Velcro sur l'appuie-tête. »

Rires.

« Oh Nicolas, t'exagères », disait madame Bernard tout en riant par petites secousses qui agitaient sa blouse fleurie.

Combien de temps ai-je mis à comprendre cette blague ? Une décennie, peut-être deux. L'ai-je jamais comprise ?

Retour à la photo, moi et ce postiche, « l'enfant à la perruque ». Aujourd'hui, je vois l'image pour ce qu'elle a d'étrange, de décalé. Le couvre-chef est immense, ma tête si petite. Mais à l'époque, je sais ce que je ressens, je suis convaincue d'être dans le vrai, de réparer une erreur manifeste. Ces cheveux devraient être les miens, quand je les ai sur la tête, je me sens libre, pleine, invincible. D'ailleurs, dès qu'on me retire cette perruque, c'est un drame :

« Mais ma chérie, tu ne peux pas sortir avec ça », me lancent ma mère et ma grand-mère, du haut de leurs cheveux raides.

Et pourquoi donc ? Puisque avoir des cheveux comme tout le monde, c'est avoir des mèches qui bougent et qui vont vers le bas, laissez-moi donc avec cette fichue perruque et qu'on n'en parle plus.

Le temps file. J'ai treize ans, l'adolescence. Les boums, les appareils dentaires, les boutons sur le front, les Walkmans, les cassettes, les garçons, « y a Medhi qui voudrait sortir avec toi, mais toi tu voudrais sortir avec Cédric qui lui n'a d'yeux que pour Sophie ». Personne ne se trouve beau à l'adolescence et tout le monde voudrait l'être, c'est ainsi. Chacun cherche des responsables à sa prétendue laideur. Moi, ce sont mes cheveux, boucs émissaires idéaux. Maudits cheveux. Alors, c'est décidé, je saute le pas. Draveil, Essonne, un mercredi après-midi, j'entre chez un coiffeur du centre-ville, un coiffeur « normal » comme on dit, pas un coiffeur pour noires. De toute façon, à Draveil, il n'y a que des coiffeurs « normaux » comme on dit, donc blancs. J'ai mon argent dans ma poche, j'ai économisé pour ça. Je suis gonflée à bloc, pleine d'espoir, convaincue que dès que mes cheveux bougeront, la vie changera du tout au tout. Le salon est vide, pas une cliente à l'horizon, ça m'arrange, rien que moi et deux coiffeuses qui s'occupent en bavardant. J'interromps la discussion :

« Bonjour, je viens pour un brushing. »

Les mots sortent de ma bouche avec peine, le « ing » de « brushing » est quasiment inaudible, resté en travers de ma gorge. Il y a tellement d'enjeux dans cette aventure que j'ai la bouche sèche et l'œil droit qui palpite. Je me sens proche du point de non-retour. Les deux femmes me regardent, ou plutôt, elles regardent mes cheveux, puis toute ma personne, de haut en bas, de bas en haut, avec les lèvres légèrement plissées. Silence. On entendrait voler une mouche. Je retiens mon souffle. La plus âgée des deux, la patronne, dit :

« Ah non, on ne coiffe pas ça. »

Je pense : « Ça », c'est moi ou mes cheveux ? Je ne sais pas. À Draveil, Essonne, un mercredi après-midi, au début des années 1980, une femme, adulte, lance à une enfant de treize ans : « On ne coiffe pas ça. » Ou plutôt, à Draveil, Essonne, au début des années 1980, une blanche, qui croit que les Noirs existent, affirme à une Noire, qui n'est pas encore sûre d'en être vraiment une, qu'elle est une chose. Sidérée, je me tais. D'ailleurs, si je le pouvais, qu'aurais-je à dire ? Je sors. La ville est la même, et pourtant, tout a changé. Le salon de coiffure était mon pèlerinage. Après cet épisode, je suis définitivement convertie. Ça y est, je crois en la majuscule, je crois que les Noirs existent. Je quitte les lieux, sans un mot, mais avec une conviction puissante, nouvelle. Avec mon argent, celui qui est coincé dans le poing que je garde serré depuis que le « Ça » m'a giflée, j'achète du défrisant, Dark and Lovely. Quel joli nom de marque, quelle belle antinomie pour un produit qui, justement, fait l'inverse de ce qu'il affirme. Il faut réduire en cendres ces boucles qui me trahissent, et alors je ne serai plus « *dark* » (noire), et alors je serai « *lovely* » (aimable). Le défrisant, pour celui ou celle qui ne connaît pas, c'est d'abord une odeur, piquante, la soude, et une sensation, le froid. Ensuite, viennent la chaleur et l'impression que la crème est en train de fondre sur le crâne. Chaque seconde qui passe est un pas vers la gravité. On me promet que mes cheveux iront vers le bas, je veux le croire. J'écoute les petits crépitements qui viennent du sommet de ma tête, j'ai l'impression que le cheveu crie, puis cède, j'entends son abandon. Il était triomphant, dressé, et soudain, il s'aplatit, il s'écrase. Alors, c'est qui la cheffe ? Plus un mot, plus un geste, le cheveu rend les armes, il fait enfin ce qu'on lui dit, ce que je dis. Alors, c'est qui la cheffe ? Tic tac tic tac, dernières secondes avant révélation. Le minuteur sonne, je rince le produit. Je me regarde dans le miroir. Ça y est, j'ai gagné, mes cheveux sont raides, ils bougent, et vont enfin dans le bon sens, le sens de la Norme. Finie l'agitation intérieure, tout est calme, enfin, l'horizon s'éclaircit. *Dark and Lovely*. À ce moment, je ne le sais pas encore, mais, si mes cheveux ne disent plus rien, c'est parce qu'ils sont morts. Je ne me doute pas que, chaque jour, la soude grignote et gagne du terrain. D'abord, un petit trou sur le côté droit de la tête, un petit trou de rien, on n'y fait pas attention. Et puis un autre, et un autre encore. Les cheveux désertent par touffes entières. Là, c'est la panique, on s'agite dans tous les sens, on lutte, on cache, on met une barrette par-ci, un bandeau par-là, un élastique ici, un serre-tête là. On devient fou. C'est la débâcle, l'exode. Les cheveux qui n'ont pas encore quitté les lieux donnent l'impression d'être entrés en hibernation. Rigides, compacts, du carton. C'est fini, la drogue ne fait plus effet, je suis en pleine descente. À nouveau dark, plus du tout lovely. Ma tête est un cimetière. Mes cheveux sont raides morts.

Retour à l'été 2016, à Katy Perry et ses tresses. Et vous, en tant que Noire, qu'est-ce que vous en pensez ?

Oui, mais qu'est-ce qu'une Noire ?

Moi qui ai passé toute ma vie à avoir des cheveux « drôles » : « Oh c'est drôle, on dirait de la mousse », disaient souvent des gens – blancs – en plantant leurs doigts dans ma tête sans y avoir été invités. Ou alors, plus technique : « C'est dingue comme matière ! » Ou alors, plus inquiet : « Ça doit pas être évident à coiffer, non ? » Plus zoologique : « C'est doux, on dirait des poils de caniche. » Plus enjoué : « Oh j'adore ! » Plus poli, bien que, joignant le geste à la parole : « Ça ne te dérange pas que je touche tes cheveux ? » Moi qui ai donc passé toute ma vie à ne pas vraiment avoir des cheveux, mais plutôt une « matière », « drôle » ou « bizarre » sur le crâne, je vois enfler une polémique autour du fait qu'une femme a trouvé que mes cheveux étaient… des cheveux. Katy Perry s'est fait des tresses. Pour être certaine que quelque chose de fondamental ne m'échappe pas dans cette polémique, je regarde le clip incriminé. Je veux m'assurer que la coiffure n'est pas un cheval de Troie raciste, une insulte larvée. La chanteuse porte-t-elle des tresses et une ceinture en bananes ? A-t-elle le visage peint en noir et les lèvres cernées de rouge ? Fait-elle des petits gestes ou mimiques équivoques ? Fait-elle ces mouvements mille fois vus et revus, où les épaules se soulèvent, le poignet se casse, les genoux fléchissent, le bassin se tend vers l'arrière ? Toutes ces choses qui, en une seconde, font du corps d'un Noir celui d'un singe. Auquel cas, la question ne serait pas celle de « l'appropriation culturelle » mais bien celle du racisme. Et en fait, non, Katy Perry porte simplement des tresses tout en chantant *This is how we do do do do do.* Autrement dit, Katy Perry n'a pas pensé se faire une coiffure de Noire mais une coupe de cheveux qui pourrait l'embellir et a décidé, au milieu des vingt-sept autres coiffures qu'elle arbore dans ce clip, d'ajouter celle-ci. Erreur. « Appropriation culturelle » est le terme qui, désormais, définit son acte.

Dans les années 1970, alors que Katy Perry n'est pas encore née, Kenneth Coutts-Smith, historien et critique d'art, invente ce mot pour raconter comment, au XVIIIe siècle, au moment des campagnes d'Égypte napoléoniennes, l'art devient pour la première fois une prise de guerre aussi valable que l'or ou les matières premières. Ces campagnes marquent le début d'un mouvement ininterrompu qui poussera l'Occident à s'emparer toujours plus des biens et des styles culturels des pays qu'il colonise. De cette appropriation découleront des modes qui nourriront tous les courants artistiques du monde occidental. Une décennie plus tard, dans les années 1980, le concept subit sa première mutation. Il ne s'agit plus de décrire le mouvement d'appropriation qui va des colonies vers l'Occident, mais de raconter ce qui se joue dans les sociétés occidentales elles-mêmes. Le terme « appropriation culturelle » sert désormais à décrire la situation des Indiens aux États-Unis et au Canada, ainsi que celle des Américains noirs, ou des Aborigènes d'Australie. Il permet de définir l'attitude d'une société blanche dominante qui peut reléguer une population aux marges, tout en s'appropriant ses singularités culturelles. Mouvement ambivalent qui exclut et absorbe en même temps. Je te rejette parce que tu es singulier, mais je fais mien ce qui te singularise. Ce que revendiquaient alors les tenants de « l'appropriation culturelle », c'est l'égalité des droits et l'accès à une citoyenneté pleine et entière. Puis, le caractère élastique de l'interprétation de ce que signifie « appropriation » et de ce que recouvre le mot « culture » a fini par rendre flou le concept lui-même, entraînant une deuxième mutation du mot. Si la décennie précédente faisait de « l'appropriation culturelle » un outil de revendication permettant d'ouvrir et d'étendre, dans les années 1990 la culture devient peu à peu clôture, moyen de délimiter l'espace des uns et des autres. Chacun doit désormais agir en fonction de la culture qu'on lui prête et ne plus en bouger. Raison pour laquelle les tresses de Katy Perry sont devenues un sujet.

Aujourd'hui, « appropriation culturelle » désigne « l'acte de prendre ou d'utiliser des éléments d'une culture qui n'est pas la vôtre, qui plus est, sans montrer que vous comprenez ou respectez cette culture ». Dans son livre, *Qui possède la culture ? Appropriation et authenticité dans la loi américaine*, Susan Scafidi précise que par « éléments d'une culture » on entend « les vêtements, la langue, le folklore, la cuisine, les symboles religieux, la médecine traditionnelle... » entre autres. Elle ajoute que, pour qu'il y ait « appropriation culturelle », il faut s'être emparé de ces éléments « sans permission ». Mais, si on voit bien comment une personne peut permettre à une autre d'utiliser un objet qui lui appartient, il est plus compliqué de savoir qui est le propriétaire d'une langue ou d'une recette de cuisine. Dans ce cas, qui est habilité à donner l'autorisation ? Quel comité sera chargé d'autoriser une personne à pratiquer le karaté, la danse indienne ou la calligraphie chinoise ? D'ailleurs, à qui appartient un style artistique ? Heureusement pour les personnes prudentes qui souhaiteraient ne pas être prises en flagrant délit « d'appropriation culturelle », il existe des codes de bonne conduite. Ces codes recommandent au préalable de se poser les questions suivantes :

— Pourquoi empruntez-vous cette culture ? Est-ce par intérêt authentique ou suivez-vous simplement une mode ?

— Qui a fabriqué l'objet que vous achetez ? Est-ce une personne qui appartient à cette culture ?

— Que ressentirait une personne appartenant à cette culture si elle vous voyait ? Est-ce respectueux à l'égard de cette culture ?

Mais aucun de ces guides ne précise qui possède la légitimité d'évaluer la sincérité d'une démarche, ni qui détermine si l'intérêt pour une culture est « authentique » ou non.

Alors, dans une séquence que je regarde en boucle, Katy Perry s'excuse publiquement de s'être fait des tresses. Elle reconnaît qu'elle s'est approprié quelque chose qui ne lui appartenait pas : « J'ai fait plusieurs erreurs, dit-elle, et j'ai eu une grande conversation avec l'un de mes anges gardiens, Cleo. » Assise en tailleur face à Deray Mc Kesson, militant noir leader du mouvement *Black lives matter*, Katy Perry fait acte de contrition, déroulant le fil de la puissante conversation qu'elle a eue avec Cleo, son « amie Noire ». Cette dernière lui a expliqué, je cite :

« Pourquoi je ne peux pas coiffer mes cheveux comme ça. Quelle est l'histoire derrière cette coiffure. Elle m'a parlé du pouvoir des cheveux des femmes Noires et à quel point c'est beau, et la lutte, et j'ai écouté et j'ai entendu, je ne savais pas, et je n'aurais jamais compris toutes ces choses si on ne me les avait pas dites, à cause de qui je suis, mais je peux apprendre. »

Katy Perry rend donc aux Noirs ce qui leur appartient, il y a des coiffures de Noirs, des coiffures de

Blancs, des coiffures de Jaunes, des coiffures de Rouges, et que chacun reste à sa place. Elle promet qu'elle ne le fera plus. Dans la même idée, une vidéo sur YouTube a été regardée plus de quatre millions de fois. On y voit une jeune femme noire prendre violemment à partie un garçon blanc qui porte des dreadlocks, l'accusant de s'approprier la culture Noire. « Appropriation culturelle. » C'est au nom de ce même concept que, depuis décembre 2015, on ne sert plus de sushis ni de tacos sur le campus d'Oberlin dans l'Ohio. En effet, des élèves japonais et mexicains (ou dont les parents ou grands-parents ou arrière-grands-parents sont japonais ou mexicains) se sont plaints du manque de respect à l'égard des recettes traditionnelles de leur « Culture », jugeant les modifications apportées par le cuisinier (visiblement ni japonais ni mexicain) « offensantes ». Cuisinier qui avait trouvé pertinent de faire des sushis avec du riz pas cuit et du poisson pas frais. On n'y sert plus non plus de banh mi, sandwich vietnamien, réinterprété par ce même cuisinier dans une version « irrespectueuse » qui mettait du coleslaw à la place des pickles de légumes et du pain ciabatta au lieu de la baguette française. « Quand vous présentez de la nourriture ethnique de cette façon, vous offensez la communauté vietnamienne et la privez de son droit à l'authenticité et à maintenir son identité », explique un défenseur de la cause. Le fait que le cuisinier puisse être très mauvais n'est visiblement pas le sujet. Dommage. Et que mangera-t-on désormais à Oberlin ? La direction de l'université s'est excusée pour cette

« appropriation » qui faisait preuve « d'insensibilité culturelle ». « L'insensibilité culturelle » étant définie comme « le fait de ne pas tenir compte de la différence culturelle d'une autre personne ». Une décision a donc été prise, fini le bar à sushis remplacé par un buffet offrant de la nourriture qui n'offense personne et ne s'approprie rien. J'imagine qu'il s'agit de fruits, de légumes, crus de préférence, la cuisson pouvant déjà nous entraîner sur un terrain glissant… La responsable de la restauration, qui s'occupe également des opérations commerciales de l'université, a expliqué qu'elle avait écouté attentivement les réclamations des élèves, afin d'essayer de trouver un compromis. Elle n'a, en aucun cas, suggéré aux plaignants que vouloir bien manger dans un self d'université avait, de tout temps, relevé d'un rêve inaccessible. Et que, si l'on était fin gourmet, mieux valait se tourner vers un restaurant, quel que soit le plat que l'on souhaitait manger. Non. Le fait que les frais de scolarité à Oberlin soient de soixante mille euros par an n'a certainement rien à voir avec cette écoute attentive et concernée, et les plates excuses qui ont suivi. La responsable de la restauration et des opérations commerciales a donc proposé que, si à l'avenir il y avait au menu du poisson posé sur du riz, on ne dise plus « sushi » mais qu'on décrive simplement la composition du plat sans plus lui donner de nom. Poisson cru posé sur du riz.

Un an plus tôt, en banlieue parisienne, un collectif de défense des Noirs a tenté de faire interdire un spectacle, *Exhibit B*. On y voyait des actrices et acteurs noirs dans des tableaux vivants mettant en scène la violence que les sociétés blanches ont exercée à l'égard des Africains noirs tout au long des siècles. Des zoos humains à l'esclavage, de l'apartheid au génocide des Herero, le parcours du spectateur était pensé comme une traversée des enfers, avec le regard des acteurs pour seul compagnonnage. Si ce collectif a voulu faire interdire le spectacle, allant même jusqu'à s'en prendre aux spectateurs et aux acteurs, ce n'était pas pour des raisons liées à sa qualité artistique. D'ailleurs, les manifestants ont mis un point d'honneur à ne surtout pas voir *Exhibit B*. À un journaliste qui lui demandait s'il avait vu le spectacle, le leader du collectif a répondu :

« Bien sûr que non, c'est raciste. »

Pour le collectif, ce qui faisait débat, c'était la couleur du metteur en scène, il était blanc.

« Il est déjà surprenant que dans des quartiers mixtes au nord de Paris, on invite la population multiethnique à venir apprendre sur le racisme d'un Sud-Africain blanc », lisait-on sur la pétition mise en ligne par le collectif.

Mieux aurait valu un non-Africain noir, qu'un Africain blanc. « Appropriation culturelle. »

Il n'y a plus non plus de cours de yoga au centre des étudiants de l'université d'Ottawa, au Canada, un élève indien ayant jugé que la professeure, une Canadienne blanche, s'appropriait une culture qui « a subi l'oppression, le génocide, la colonisation et la suprématie blanche ». Il a été suggéré que, dans le cas où les professeurs ne seraient hindous ni par la naissance ni par la filiation, on ne dise plus « cours de yoga » mais « cours d'étirements ». Pour des raisons approchantes, Beyoncé ne portera plus de sari ni de bindi et ne fera plus de clip à Calcutta où des enfants indiens sautent dans le Gange après s'être aspergés de poudres multicolores. Cependant, Beyoncé peut se réjouir car, bien qu'étant américaine, elle reste autorisée à se faire des tresses africaines ou des dreadlocks jamaïcaines. Pourquoi ? Parce que Beyoncé est noire, et que tout le monde croit que les Noirs existent.

Oui, mais qu'est-ce qu'une Noire ?

Même si, à brûle-pourpoint, il semble compliqué de donner une définition précise de « La Noire », tout le monde pense savoir ce que c'est : une personne de sexe féminin appartenant au groupe des Noirs. Et, les Noirs, on voit bien en quoi ça consiste, tout le monde le voit. Immédiatement, des flopées de caractéristiques viennent s'accoler au mot comme des particules de métal sur un aimant. C'est plus fort que nous, ça colle. Les Noirs courent vite, les Noirs rient fort, les Noirs dansent bien… Ça colle. Et, que nous ayons déjà vu des noirs nuls en sport, des noirs qui ne rient pas ou dansent très mal, n'annule pas l'association, au contraire. Ils deviennent l'exception qui confirme la règle.

Chacun a sa spécialité, je vais parler de la mienne, celle des Noirs, parce que c'est celle que je connais le mieux, celle que j'ai la plus fréquentée, mais il suffira à chacun de remplacer un préjugé par un autre, plus proche, plus familier, et il verra bien de quoi il s'agit. De la même chose. L'illusion serait de croire que, parce que le préjugé est différent, la mécanique est différente, mais la mécanique est toujours la même, c'est celle de la Race. Idéologie perverse qui, partant d'un constat indiscutable : le monde se compose de populations de différentes couleurs, a inventé une hiérarchie entre ces mêmes couleurs (répartie du plus brillant, le blanc, jusqu'au plus inférieur, le noir, en passant par le jaune). Avec la Race, la couleur prend une majuscule, on ne dit plus une noire mais une Noire. S'installe alors l'idée que, pour chaque couleur, il y a une psychologie. La Noire a un caractère de Noire, le Blanc des qualités de Blanc, le Jaune des particularités de Jaune… Par un tour de passe-passe idéologique, on en arrive à l'idée qu'une personne n'est déterminée que par sa couleur, pas du tout par l'endroit où elle vit, la langue qu'elle parle, l'histoire qui l'a construite. Plus de culture, juste la Nature qui nous définirait malgré nos expériences singulières. Et, si je dis que je suis noire sans majuscule, ça complique l'affaire. Soudain, le mot redevient un adjectif, il appelle d'autres précisions, et, de ce fait, sort du registre de la Race pour entrer dans celui des couleurs. Pour que vous sachiez qui je suis, noire ne suffit pas, il me faudrait dire mon âge, ma taille, la couleur de mes yeux, mes goûts, la ou les langues que je parle, mon parcours, et là, vous commenceriez à avoir une toute petite idée de qui je peux bien être. Alors qu'avec la Race, tout est simple, on est ce qu'on naît, seul le sang et l'ADN font loi. Plus besoin d'être en relation avec l'autre, d'écouter, de penser, il suffit de regarder : voir c'est savoir. Je sais ce que tu penses puisque tu es Noire, je sais ce que tu vas dire puisque tu es Jaune, je sais ce que tu fais puisque tu es Rouge.

Avec la Race s'invente l'idée que, rien qu'en regardant quelqu'un, on sait d'où il est et qui il est. Et si on ne le voit pas distinctement, si l'autre est de la même couleur que soi ? Alors, avec la magie de la Race, on inventera ce que l'on doit voir, le nez « spécial » du Juif ou du Tutsi, l'allure « particulière » de l'Arabe (qu'aujourd'hui on appelle Musulman). Et tout le monde finira par voir ce qui n'existe pas. On commencera à croire que le Juif possède une Nature de Juif, le Musulman une Nature de Musulman, le Tutsi de Tutsi. Et que donc tous les Juifs pensent comme des Juifs, tous les Musulmans comme des Musulmans et tous les Tutsis comme des Tutsis puisque c'est leur race qui les détermine. Pour qu'il y ait Race, il faut que l'imaginaire fonctionne, que l'on puisse identifier l'autre comme étant très différent de soi et projeter sur lui toutes les peurs qui nous traversent. Ici, le réel n'a pas sa place. Il faut que l'on croie, pas que l'on pense. C'est pourquoi, même si la science a fait la preuve qu'il n'y a aucune différence chromosomique entre une personne d'une couleur et une personne d'une autre, pas plus qu'entre une personne d'une religion et une personne d'une autre, la Race tient bon.

Aujourd'hui, on ne dit plus « Race », on dit « Origine », mais le principe est le même.

Il est pire, d'ailleurs, puisqu'il s'est glissé dans un mot jusque-là anodin. Dans le dictionnaire, l'« origine » est définie comme : « Le milieu dont quelqu'un ou quelque chose est issu. » Ne sommes-nous pas tous issus d'un milieu ?

« Oh, vous avez de la chance », m'a dit, il y a peu, une jeune femme blanche en soupirant, « Vous, au moins, vous avez des Origines ! » Lorsque je lui ai demandé pourquoi elle pensait ne pas en avoir, elle m'a répondu : « Bah ! Je suis blanche », m'enviant sincèrement toutes ces ramifications extraordinaires qu'elle me prêtait et qui, selon elle, lui étaient refusées du fait de sa couleur de peau.

Moi, je suis née à Paris XIIIe, un 24 décembre à midi vingt-cinq. Je possède une carte d'identité française, tout comme ma mère, mes grands-parents, mes arrière-grands-parents, mes arrière-arrière-grands-parents, et pourtant, il ne se passe pas un jour sans qu'on me demande d'où je viens. « Dis-moi, tu es de quelle Origine ? » Je sais que cette question n'est liée qu'à ma couleur puisque les gens qui me la posent le font sans me connaître, en général tout de suite après « bonjour », ou parfois même avant. Ce que je sais aussi, c'est qu'il est rare que l'on questionne une personne blanche sur ses Origines, à moins qu'elle n'ait un accent. « Tu es de quelle Origine ? » est la question que l'on pose à celle ou celui qui sort de l'idée qu'on se fait du Blanc. Sur un nuancier, on dirait qu'à partir du beige, voire du coquille d'œuf, la question se posera. « Origine » est le nouveau mot pour dire « Race ». « Origine » est là pour signifier que, puisque je ne suis pas blanche, je suis forcément d'ailleurs. Le mot a pour fonction de maintenir la distinction entre le légitime, le blanc, et l'illégitime, le non-blanc. Entre celui ou celle qui est d'ici, et celle ou celui qui est forcément d'ailleurs.

Parfois, dans une assemblée où l'on souhaite parler de personnes non blanches et/ou non catholiques, sans pour autant trop s'avancer, on dit : « Les gens d'origine… » en laissant la phrase en suspens. Exemple : « Je connais des gens d'origine qui… », « Et comme par hasard, c'étaient des gens d'origine… » En général, chacun acquiesce et remplit les trous laissés dans la phrase, choisissant « l'Origine » qui conviendra le mieux à la problématique soulevée. Qu'il s'agisse d'argent et ce seront forcément les Juifs ou les Chinois, de drogue et ce seront les Noirs, de meurtre et ce seront les Arabes, de vol et ce seront les Roms…

« Origine » est une façon de faire rentrer chacun dans son Groupe, de lui faire réintégrer sa Race. C'est un rappel à l'ordre, un moyen de remettre chacun à sa place. Dans mon cas, cette place a été définie au dix-septième siècle, et n'a pas bougé depuis. En quatre siècles, nous n'avons fait que transporter ces préjugés d'un inconscient à l'autre.

Voilà notre château hanté. Voilà les fantômes qui nous habitent. Ils parlent à travers nous, ventriloques invisibles. Sommes-nous racistes ? Bien sûr. Nous parlons tous la Race couramment, elle est notre langue maternelle depuis des siècles. Pourrions-nous ne pas l'être ? Bien sûr. Mais la tâche est ardue et le temps presse. Partout dans le monde, les rapports se tendent et se crispent avec cette idéologie pour toile de fond. Partout dans le monde, les nationalistes mettent des mots simples et rassurants sur cette peur de l'Autre qui nous habite malgré nous. Ils disent : « Tu as raison d'avoir peur ». Ils disent : « Je te comprends, ils ne sont pas comme nous. » Ils disent : « Quand ils ne seront plus là, nous irons beaucoup mieux. » Ils disent aussi : « Tu ne sais pas qui tu es, mais moi je le sais pour toi. » Et on les croit et on les élit. Ils disent : « Ton problème c'est les Mexicains », « Ton souci c'est les Noirs », « les Arabes », « les Juifs », « les Roms », « les Rohingyas », « les Yézidis ».... Et, face à eux, les communautaristes répondent en miroir, utilisant la même langue, le même dictionnaire. Chez les communautaristes, on ne dit pas un Français noir, mais un Noir de France, un Juif de France, un Musulman de France... La Race d'abord. Et on ne dénonce le Racisme que lorsqu'il touche la communauté que l'on pense représenter, faisant, tout comme les nationalistes, de l'antiracisme à géométrie variable. Ils disent : « Puisqu'on attaque les Noirs, restons entre Noirs. » Ils disent : « Ne discutons qu'entre Juifs. » « Ne pensons qu'entre Musulmans »... Comme les nationalistes, les communautaristes rêvent d'un monde où la Race mettrait de l'ordre dans la complexité des rapports humains. Les Musulmans avec les Musulmans, les Juifs avec les Juifs, les Noirs avec les Noirs… Ils disent « appropriation culturelle », « racisés », « insensibilité culturelle »… Ils disent « Tu parles comme une Blanche », « Tu n'es pas un vrai Noir », « pas une vraie Juive », « pas un vrai Musulman »…

Communautaristes et nationalistes sont pris au piège de la Race, et nous avec.

Alors, tentons une expérience. Faisons un tour dans notre maison hantée, ouvrons les placards, les tiroirs, les dossiers, et regardons la Race en face. Il se pourrait, alors, que nous cessions enfin de croire que les Noirs, les Juifs, les Musulmans, et tous les êtres en majuscules existent.

Prêts ?

Reprenons du début.

1977. École primaire. Je suis la seule à ne pas être blanche et je ne sais pas encore que je suis Noire. Il y a, à l'époque, un dessin animé très populaire. L'histoire d'une vache un peu naïve qui, chaque jour, appelle son vétérinaire pour lui poser des questions plus ou moins absurdes. La vache est noire, elle s'appelle « la Noiraude », le dessin animé aussi.

« Bonjour docteur. La Noiraude à l'appareil.

— Bonjour la Noiraude, qu'est-ce qui ne va pas encore ? »

Jusque-là, je ne pensais rien de cette vache, c'était un animal inoffensif et sympathique, mais, dans la cour de l'école, un garçon me regarde et dit en riant : « Ah la Noiraude ! » Noire-Noiraude, le lien est simple, bête et méchant, l'enfance de l'art. Ce pourrait n'être rien, mais ça devient quelque chose. L'idée plaît, elle fait son chemin. Désormais, ce sera mon nom. La Noiraude. J'étais une petite fille de cinq ans et demi, bientôt six, je deviens une vache, une vache Noire. Ma couleur de peau était une donnée parmi d'autres, elle est maintenant la seule chose qui me définisse. À présent, chaque mot prononcé par cette vache me meurtrit, je suis elle sans être elle, je ne contrôle rien mais, puisque tout le monde dit que nous ne faisons qu'une, je me sens responsable de chacune des phrases qui sortent de sa bouche.

Épisode huit, « la Noiraude et les notes » :

« Docteur, je viens d'entendre quelque chose qui m'a fait beaucoup de peine !

— Allons donc.

— J'ai entendu un professeur qui a dit très fort : une blanche vaut deux noires. Dites, docteur, c'est bien vrai qu'une vache blanche ça vaut deux vaches noires ? »

Et la Noiraude de raconter que, depuis qu'elle a entendu cette phrase, sa compagne d'étable, une vache blanche prénommée Blanchette, ne cesse de la traiter de « moitié de vache blanche », ce qui fait beaucoup rire toutes leurs congénères. À ce moment du récit, le vétérinaire reprend la parole et explique à son interlocutrice que la phrase à laquelle elle fait allusion concerne les notes de musique et non les vaches. Soulagée, la Noiraude s'excuse :

« Il ne faut pas m'en vouloir, docteur, j'ai tendance à voir tout en noir. »

J'ai cinq ans et demi, bientôt six, et je comprends qu'il faudra se méfier de chaque mot ou expression qui tournera autour de ma couleur : avoir des idées noires, broyer du noir, voir tout en noir, noir comme l'enfer… Je deviens démineur, chien-renifleur, je traque le sous-entendu, je slalome entre les grenades dégoupillées. Chaque échange est passé au crible, au détecteur de sens caché : est-ce que cette phrase est contre moi ou est-ce qu'elle ne dit rien d'autre que ce qu'elle dit ? J'ai cinq ans et demi, bientôt six, je suis un être minuscule qui vient d'être mis en majuscule. Je suis Noire.

Mais, qu'est-ce qu'une Noire ?

Si je possède une carte d'identité française, mes arrière-arrière-arrière-grands-parents, eux, n'avaient pas de papiers d'identité car ils étaient des « meubles », et les « meubles » n'ont pas besoin de papiers. Ils ont un numéro, ce sont des biens, ils n'ont d'existence qu'en fonction de l'Autre, de celui qui les possède. Pas besoin de papiers, pas besoin d'identité, quand on est « meuble », de bonnes dents et des bras musclés suffiront. Dans ses *Mémoires d'un esclave américain*, Frédérick Douglass, premier esclave noir à être devenu homme politique, écrit en 1845 :

« On nous compta tous ensemble pour l'expertise : hommes et femmes, jeunes et vieux, personnes mariées et célibataires furent comptées avec les chevaux, les moutons et les porcs. Il y avait des chevaux et des hommes, du bétail et des femmes, des cochons et des enfants, tous avec le même rang, et tous soumis au même examen soigneux. »

Quand on est « meuble », on fait des enfants-meubles qui eux-mêmes feront des enfants-meubles. Il n'y aura aucun arbre généalogique, aucune transmission d'une histoire ou d'un nom. Les « meubles » n'ont pas de nom, pas d'histoire, ils ont des bras, des jambes, des sexes qu'on leur recommande d'utiliser à intervalles réguliers pour pouvoir se reproduire, et ainsi fabriquer d'autres bras, d'autres jambes, d'autres sexes. « Ma mère et moi avons été séparés alors que je n'étais encore qu'un bébé, bien avant même que je sois conscient que c'était ma mère. Dans cette partie du Maryland d'où je me suis enfui, c'est en effet une pratique courante d'éloigner très tôt les mères de leurs enfants. Très souvent, avant même que l'enfant n'ait atteint l'âge de douze mois, on l'enlève à sa mère, que l'on envoie travailler très loin sur une autre ferme, et l'enfant est alors confié aux soins d'une vieille femme trop âgée pour travailler aux champs », se souvient Frederick Douglass.

Les « meubles » ont un « maître », ils ne s'appartiennent pas, et leurs enfants ne sont pas les leurs. C'est logique, c'est carré, c'est écrit noir sur blanc depuis le dix-septième siècle. Monsieur Jean-Baptiste Colbert, ministre du roi et conseiller général, y a personnellement veillé. Il faut toujours des hommes ordonnés pour faire d'un principe une évidence. En soixante articles, Colbert a établi, à la demande de Louis XIV, un recueil qui définit les droits et devoirs des propriétaires d'esclaves. Destiné aux colonies françaises, Antilles, Guyane, île Bourbon (ancêtre de l'île de La Réunion), le Code noir règle la vie des esclaves dans le but d'empêcher leur soulèvement.

« Déclarons les esclaves être meubles et comme tels entrer dans la communauté. » Code noir, article 44. « Déclarons les esclaves ne pouvoir rien avoir qui ne soit à leurs maîtres ; et tout ce qui leur vient par industrie, ou par la libéralité d'autres personnes, ou autrement, à quelque titre que ce soit, être acquis en pleine propriété à leurs maîtres, sans que les enfants des esclaves, leurs pères et mères, leurs parents et tous autres y puissent rien prétendre. » Code noir, article 28. Mes arrière-arrière-arrière-grands-parents étaient « meubles » et, comme tels, propriétés d'un « maître ». C'était au dix-septième siècle, ça le fut encore au dix-huitième, au dix-neuvième. En trois siècles, entre douze et treize millions d'êtres humains ont été changés en meubles et, ainsi, torturés, violés, mutilés, tués, en toute impunité. Quatre siècles plus tard, le problème est resté là, vissé là. Dans mon cas, le lointain est proche, et, bien qu'aujourd'hui j'aie un nom et une histoire, il m'est rappelé à chaque instant que le passé est mon présent. Ce passé-meuble cogne à ma porte. Et si mon cas n'est pas le cas de tout le monde, c'est le cas de beaucoup. J'y reviendrai.

Disons pour l'instant qu'une Noire est un « meuble ».

Oui mais alors, qu'est-ce qu'un « meuble » ?

1979. J'ai huit ans et un nouveau biscuit vient de faire son apparition sur les étals des supermarchés, le biscuit « Papou », au chocolat et à la noisette. Sur le paquet, un petit bonhomme noir avec un pagne fait de bananes, les cheveux dressés sur la tête et retenus par un os, étire ses grosses lèvres rouges en un sourire ravi. Dans les publicités, les Noirs rient toujours. Ils rient parce qu'ils aiment le chocolat, le riz, le café. Ils rient parce qu'ils aiment la vie. Ils rient parce qu'ils sont innocents et naïfs, ce sont des êtres simples, proches de la nature. D'ailleurs, ils vivent dans la jungle. Quelques années plus tard, les biscuiteries Saint-Michel inventeront le biscuit « Bamboula ». Je n'en ai jamais mangé, je n'aime pas le chocolat.

Au dix-neuvième siècle, dans son *Essai sur l'inégalité des races humaines*, Arthur de Gobineau écrit que les Noirs possèdent des facultés pensantes « médiocres ou même nulles ». Deux siècles plus tard, Willy Sagnol, entraîneur d'une équipe de football, ne dit pas autre chose en assenant lors d'une conférence de presse que je regarde, ébahie : « L'avantage du joueur typique africain c'est qu'il est qualifié de puissant sur un terrain, mais le foot c'est pas que ça, c'est aussi de la technique, de l'intelligence. »

Un « meuble » n'est donc pas une tête mais un corps, un corps « typiquement africain ».

Intellectuellement restreints, les Noirs, tout comme les Femmes, doivent s'en remettre à un tuteur qui saura ce qui est bon pour Eux et pour Elles. « Les filles se sentent faites pour obéir », écrit Rousseau, un siècle avant Gobineau. Toutefois, si, comme la Femme, le Noir est un corps, ce corps-là n'est pas supposé être doux, beau et délicat, non, il est forcément sauvage et malhabile, il est le premier temps de l'humanité, le chaînon manquant entre le singe et l'homme. À ce sujet, le naturaliste suisse Carl Vogt écrit en 1865 dans ses *Leçons sur l'homme : sa place dans la création et dans l'histoire de la Terre* : « Il est rare que le nègre se tienne complètement droit ; la plupart du temps ses genoux sont quelque peu ployés et sa jambe recourbée et cambrée. » En regardant aujourd'hui « L'Africain », ce sketch des années 1980 dans lequel un comique blanc imitait un Noir, je me souviens du sentiment qui me traversait alors. J'étais une petite fille d'une dizaine d'années, tout juste libérée de « la Noiraude », qui se voyait à nouveau sortie d'elle-même pour être projetée dans « L'Africain ». De Charybde en Scylla. À présent, lorsque je vois ces images, ce n'est plus le texte qui me frappe, mais la gestuelle. Le comique entre en scène et tout son corps se transforme, son menton se décale vers l'avant, ses yeux s'ouvrent exagérément, sa main vient se poser sur sa tête avec le poignet cassé, il se met à marcher genoux pliés, dos cambré. Il reproduit, à l'identique, la description de Carl Vogt. Le comique fait le singe. Le sait-il seulement ? Dans une interview récente, le comique dit : « Il n'y avait pas une once de racisme là-dedans. À l'époque, ça passait sans gêner personne. La liberté d'expression était réelle, comme aujourd'hui, certes, mais il y avait moins d'arrière-pensées. » Je le crois sincère et je le vois traversé de part en part par les codes de la Race sans même s'en être rendu compte. J'aurais aimé être là quand le mouvement est arrivé, le geste de la main, les genoux, la cambrure des reins. J'aurais aimé être là quand le comique s'est dit « ça y est, je le tiens mon Noir, c'est comme ça qu'il doit être ! » Il a cru qu'il faisait un homme, il ne s'est pas vu faire le singe.

Quand Christiane Taubira est devenue garde des Sceaux, et plus encore au moment des débats sur le mariage pour tous, toutes les représentations de la Noire sont ressorties en bloc. C'était massif, irraisonné, archaïque. Tout était là. « À la limite, je préfère la voir dans un arbre accrochée aux branches que la voir au gouvernement », déclarait à propos de cette dernière une candidate Front national. Au même moment, le magazine *Minute* publiait en une la photo de la garde des Sceaux avec la légende suivante : « Maligne comme un singe, Taubira retrouve la banane.» Et même les imitateurs donnaient nettement l'impression de ne pas pouvoir dépasser la couleur de leur sujet, incapables de percevoir les traits singuliers de la personnalité de celle qu'ils voulaient caricaturer. Aucun ne s'emparait de son débit rapide ou de sa façon de placer des citations tout au long de ses phrases. Non, bloqués par la couleur, tous se retrouvaient à imiter une Noire.

Un «meuble», c'est donc un corps aux portes de la civilisation (d'ailleurs, un président français ne disait-il pas que «l'homme africain n'était pas encore entré dans l'histoire»?). Un corps qui ne saurait s'appartenir, à qui l'on indique la marche à suivre, qui travaille, bouge, mange comme on lui dit: «Seront tenus les maîtres de faire fournir, par chacune semaine, à leurs esclaves âgés de dix ans et au-dessus, pour leur nourriture, deux pots et demi, mesure de Paris, de farine de manioc, ou trois cassaves pesant chacune 2 livres et demie au moins ou choses équivalentes, avec 2 livres de bœuf salé, ou 3 livres de poisson, ou autres choses à proportion: et aux enfants, depuis qu'ils sont sevrés jusqu'à l'âge de dix ans, la moitié des vivres ci-dessus.» Code noir, article 22.

Un «meuble» est aussi un corps qui court, mais, ne nous y trompons pas, les Noirs ne courent vite que depuis très peu de temps. Jusqu'au milieu du vingtième siècle, ils couraient très lentement, du moins, beaucoup plus lentement que les Blancs. «Les nègres ont également moins de vigueur musculaire », complétait Gobineau. Ce qui est passionnant, c'est de lire aujourd'hui les commentaires sportifs d'hier et d'y voir l'assurance qu'un Noir ne peut évidemment pas gagner une course ou toute autre compétition sportive, justement parce qu'il est Noir et que sa Nature l'en empêche. Au début du vingtième siècle, Edwin Henderson, professeur noir d'éducation physique, cherche à introduire le basket dans la communauté noire de Washington avec un but politique avoué : réfuter les clichés racistes sur l'infériorité congénitale des Noirs. À cette époque, il est évident pour tous que les Noirs ne pourront jamais être de bons sportifs car, non seulement ils souffrent de faibles capacités pulmonaires, mais ils ont aussi une structure particulière du pied, de la jambe et de la cuisse qui les empêche de courir ou de sauter, sans compter un manque d'endurance et de coordination. Pour tous, les Noirs ont quelque chose en moins.

Étonnant de lire les plaidoiries d'Edwin Henderson pour contrer ces clichés, alors qu'à présent il ne se passe pas un jour sans qu'il nous soit rappelé que, si un Blanc ne gagne pas une course face à des athlètes Noirs, c'est bien normal, puisque la Nature du Noir, c'est justement d'être endurant, de courir vite, de sauter haut, de dribbler loin.

Si l'on tape « pourquoi les Noirs courent vite » dans l'onglet d'un moteur de recherche, on trouve des forums, bien sûr, des discussions, les opinions des uns et des autres :

« Il me semble que c'est une histoire de placement du nombril qui est légèrement différent chez les Noirs. »

« Ils ont un muscle en plus. »

« Ils ont des mollets plus fins c'est pour ça qu'ils sont bons sur des courtes distances mais tu verras jamais de Noir gagner des grands treks de 150 km en montagne. »

« Ils ont une déviation de la cheville différente. »

« Ils ont des jambes plus longues que le torse. »

Les Noirs ont donc, désormais, quelque chose en plus. Quand Jesse Owens gagne quatre médailles aux Jeux olympiques de Berlin, en 1936, on commence à entendre des théories sur le fait que l'anatomie et la physiologie des Noirs les avantageraient. À tel point que William Montague Cobb (professeur noir d'anatomie et d'antrophologie physique à la Howard University) décide de mesurer toutes les parties du corps de Jesse Owens ainsi que celles de ses concurrents blancs. Ces mesures aboutissent à la conclusion qu'il n'existe aucune différence anatomique entre eux. Cobb publie les résultats de son étude, pensant, par ce biais, contrer les a priori. Aucune de ses conclusions ne sera reprise. La théorie du « Noir avec son truc en plus » poursuivra sa route, sans dévier, apportant chaque année son lot d'articles rédigés par des experts, des scientifiques, des penseurs, noirs et blancs, tous occupés à démontrer la « supériorité athlétique Noire ». Dans un magazine scientifique, publié il y a peu, on lisait : « Il est tentant de dire d'une façon générale que les Noirs courent donc plus vite que les Blancs. » Oui, ça a l'air très « tentant ». Il y a aussi ce livre, *Tabou : Pourquoi les athlètes noirs dominent les sports et pourquoi nous avons peur d'en parler*, du journaliste conservateur Jon Entine. Pour celui qui s'est fait une spécialité de mêler racisme et pseudo-génétique, aucun doute possible, les Noirs gagnent des médailles parce qu'ils ont une Nature particulière. Par la suite, Jon Entine a publié un autre ouvrage intitulé *Les Enfants d'Abraham : Race, identité et ADN du peuple élu.*

Je me souviens, il y a quelques années, d'un dîner où une personne blanche très bien intentionnée m'avait expliqué que, scientifiquement, tout ça ne faisait aucun doute, « les Noirs ont le gène du sprint, ça a été prouvé ». Autour de la table, des convives blancs et non blancs acquiesçaient. Un homme noir a même fièrement ajouté : « C'est vrai qu'on court vite ! » Moi qui l'avais vu courir peu de temps avant, j'ai regretté vivement de n'avoir pas filmé la scène qui aurait pu servir de démenti cinglant à toute théorie sur la supériorité des Noirs dans la course. Cette pensée m'a traversée, puis la conversation a repris, et la personne blanche bien intentionnée, se tournant vers moi, un sourire bienveillant aux lèvres, a dit : « Vos muscles sont beaucoup plus lourds, c'est pour ça que vous n'êtes pas bons en natation. » J'apprenais donc, dans le même temps, que je courais vite mais nageais mal. À cette époque, toutes les télévisions du monde avaient le regard tourné vers les Jeux olympiques. J'y avais vu, au détour d'une retransmission, une jeune nageuse française, pas franchement blanche, y remporter avec ses camarades la médaille de bronze du relais quatre fois deux cents mètres nage libre…

Pour le moment, disons qu'un « meuble » est un corps « typiquement africain » qui court vite mais nage mal.

Ah, les Noirs et l'Afrique ! Je suis française, et pourtant, souvent, on me propose de retourner chez moi. J'ai même eu le cas, lors d'un entretien d'embauche, d'un recruteur qui me conseillait gentiment de postuler plutôt dans « mon pays » car j'y aurais, selon lui, « beaucoup plus de chance ». « Mon pays. » Mais quel est ce pays ? Si vous posez la question comme ça, suffisamment rapidement pour que l'assemblée à laquelle vous vous adressez n'ait pas le temps de réfléchir, on vous dira que le Noir est d'Afrique. Et ce, peu importe la couleur de l'assemblée. D'ailleurs, pour désigner un Noir, d'où qu'il soit, on dit « Afro-quelque chose », « Afro-péen », « Afro-descendant », « Afro-Américain »… Afro est devenu le terme concerné et responsable pour dire Noir. Inutile d'être africain pour être afro, il suffit d'être noir. Afro dit la couleur de peau aussi bien que la coupe de cheveux, la décoration, le style vestimentaire ou musical. Tout ce que touche un Noir est Afro.

Les Noirs, c'est l'Afrique, tout comme les Jaunes c'est la Chine, idée communément partagée qui vient sans qu'on y pense, un fond d'air raciste que nous respirons tous. Petite particularité dans l'assignation : la Chine est un pays, l'Afrique un continent. Ce qui suppose, 1) que tous les Africains sont noirs, 2) que les pays qui composent l'Afrique n'ont pas de culture singulière. Bien que comportant plus de cinquante pays, le pays des Noirs est l'Afrique tout entière, sans distinction de frontière, de culture, d'histoire. La faute à notre passé-meuble qui a interdit toute origine, toute mémoire. Pour qu'un homme ou une femme devienne un « meuble », il faut qu'il cesse d'être un Angolais, une Guinéenne, une Gambienne, un Congolais, un chef de village, une commerçante, un guerrier, une agricultrice, une institutrice, un professeur… Pour qu'un homme ou une femme devienne un « meuble », il faut flouter les contours du passé, interdire les souvenirs, interdire la langue.

En changeant un continent en pays, on invente le Noir, figure prise dans une provenance et un retour impossibles, exilé intérieur, sans patrie, mais que l'on empêche de faire sien le lieu où il vit. Une Noire, comme un Juif, un Arabe, un Jaune… c'est quelqu'un qui n'est pas d'ici, même s'il est là depuis des siècles. La Noire, comme le Musulman, le Juif, la Jaune… est forcément d'ailleurs. Éternellement Étrangère. Et tous les partis nationalistes du monde vivent à travers l'obsession de cette Étrangeté constitutive. « On est chez nous ! », lancent-ils pour pointer du doigt cette impureté fondamentale. Les nationalistes se veulent défenseurs des peuples « légitimes » qu'ils nomment

« de souche ». Ils se donnent pour mission de préserver une patrie idéale où tout le monde serait semblable : un paradis sur Terre. Pour eux, le fait qu'il y ait des Français non blancs ou non catholiques depuis des siècles n'est pas une donnée recevable.

Le rêve de l'extrême droite, c'est l'idéal du Même, de l'exactement Pareil. Avez-vous remarqué, les mots « pur » et « pureté » sont les plus déclinés dans la langue nationaliste. Ils semblent même n'avoir été inventés que pour elle. Qui rêve de « pureté », à part le fascisme ? Qui croit qu'une civilisation peut perdurer sans s'être mélangée ? Les nationalistes rêvent d'un Avant qui n'a jamais existé, où tout était simple, où tout le monde se ressemblait. C'est pour retrouver ce paradis perdu qu'ils traquent l'éternel Étranger. Comme des chercheurs d'or, ils veulent séparer le bon grain de l'ivraie. Ils signalent quand Christiane Taubira, alors ministre de la Justice, ne chante pas *La Marseillaise*, voulant souligner par là le fait qu'une « Vraie Française », une Blanche donc, ne ferait jamais ça. Et même si d'autres femmes et hommes politiques blancs ne la chantent pas non plus, là n'est pas la question.

Les gens d'extrême droite ont vu dans chaque réforme de l'ancienne ministre de l'Éducation nationale la preuve qu'elle est Arabe, décelant dans tout décret sa volonté de saborder les fondations de la culture française, à laquelle elle ne saurait appartenir. Les nationalistes ont l'obsession de l'ennemi caché. Ils disent « cancrelat » pour dire Tutsi, « vermine » pour dire Juif, « rat » pour dire Arabe… Ils vivent entourés d'ennemis rampants et souterrains. Les nationalistes recensent, comptent, traquent. Ils veulent des fiches, des étoiles, des tatouages. Ils quantifient, ils font des décrets : « Est noir ou indien celui qui possède au moins un huitième de sang noir ou indien. » Lois Jim Crow. « L'enfant né en Algérie de parents régis par un statut musulman, tous deux indigènes algériens ou indigènes protégés français […] ne jouit pas des droits de citoyen. » Régime de l'indigénat, loi du 17 février 1942. « Est juif celui ou celle qui a trois grands-parents de race juive ou deux grands-parents de la même race si son conjoint lui-même est juif. » Loi sur le statut des Juifs du régime de Vichy. « Est tutsie celle qui… »

« N'est-il pas curieux de voir en France des gens bien-pensants apporter tous leurs soins à empêcher leur chienne de chasse ou le pékinois de Madame de flirter avec le vulgaire cabot du coin, cependant que ces mêmes personnes livreront leur fille à un étranger taré, trop souvent un Juif, dont ils ignorent tout au point de vue racial et même sanitaire ? », entendait-on sur la radiodiffusion nationale en janvier 1943, dans une émission de l'Union Française pour la Défense de la Race.

« Qui est cette Noire au nom de Blanc ? » ai-je lu à mon propos sur un site. Quelle impudence, s'appeler Tania de Montaigne et être noire ! Un prénom russe, un nom bordelais, qui plus est, rendu célèbre par un des plus grands moralistes français, mais où va-t-on ? « Qui est cette Noire au nom de Blanc ? » Depuis que je suis née, c'est la question qu'on m'aura le plus posée : « Est-ce que c'est votre vrai nom ? » Et, d'ailleurs, si l'on tape mon nom dans l'onglet d'un moteur de recherche, c'est la deuxième chose qui vient, tout de suite après « origine » : « Tania de Montaigne vrai nom. »

Août 1996. J'ai vingt-quatre ans, je viens d'être embauchée par Canal+ comme chroniqueuse dans l'émission « Nulle part ailleurs ». On est à la fin du vingtième siècle et je suis la première noire à faire partie de cette chaîne pas du tout mélangée, qui, pourtant, chaque jour, fait profession de donner des leçons d'ouverture d'esprit. Qu'une noire rejoigne l'équipe semble être un événement invraisemblable pour bon nombre de personnes, à commencer par les vigiles, blancs, qui me bloquent dès l'entrée :

« Oui, c'est pour quoi ?

— Euh… Bonjour, je viens travailler.

— Ah oui ? Quoi comme travail ? »

Air soupçonneux, jambes à l'équerre, mains sur les hanches, les vigiles me fixent. Je réponds « animatrice » tout en indiquant l'écran du hall qui diffuse en boucle les programmes de la chaîne. Ma réponse n'est visiblement pas satisfaisante. Ça discute dans les talkies, on vérifie mon identité et mon alibi, car il y a un problème : jusque-là, les rares Noires qu'on a croisées dans ces locaux sont des femmes de ménage, elles viennent le soir ou le matin très tôt, mais certainement pas dans la journée. D'où une certaine confusion. Que fait cette Noire dans le hall à cette heure-ci ? Je sens que la journée va être longue, je m'assois, et j'attends. Je ne sais pas encore que ce prélude donnera le ton de ma vie à Canal+. Neuf mois plus tard, quand toute l'équipe se rendra au Festival de Cannes, on me trouvera à discuter avec d'autres vigiles, ceux gardant la porte de la boîte de nuit réservée aux employés et invités de la chaîne. De nouveau, on me demande :

« C'est pour quoi ? »

Je tente une réponse adaptée à la fonction du lieu :

« C'est pour danser.

— Ici c'est réservé aux employés de Canal. Faut avoir un badge bleu. »

Je tends le badge bleu.

« Oui. » Air déçu du vigile. « Mais faut aussi avoir un badge rouge. »

Je tends le badge rouge.

« OK, mais qu'est-ce qui me prouve que tu les as pas volés ? »

Là, il me faut bien avouer que ma réserve de stoïcisme était arrivée à son terme.

Mais laissons le Festival de Cannes pour revenir à ce premier jour de travail. Après une série de vérifications, qui feraient passer la CIA pour une institution laxiste, je suis autorisée à quitter le hall pour gagner le bureau où m'attend une journaliste du *Parisien*. Je n'ai plus en tête son visage ni son nom, je me souviens seulement qu'elle en imposait. Nous nous installons, elle me sourit. Sa première question est neutre :

« Êtes-vous contente d'être là, d'avoir rejoint l'équipe ? »

Je réponds que « oui », je suis contente.

« Et votre prénom, d'où vient-il ? »

Un peu déstabilisée, je dis :

« Ça, il faudrait demander à ma mère. »

La journaliste sourit. Puis, l'étau se resserre.

« De Montaigne, c'est beau comme nom, c'est un pseudo ?

— Non, non.

— Non ? Entre nous, vous pouvez me le dire, ce n'est pas votre nom. Quel est votre vrai nom ?

— Si, si, c'est mon vrai nom, je n'en ai pas d'autre. »

Je comprends que la journaliste veut me faire avouer ma véritable identité, mon identité de Noire. Il semble même qu'elle ne soit venue que pour ça. Pas découragée par mes dénégations, elle essaie de me mettre sur la piste, suggérant que mon vrai nom doit sûrement commencer par « N'quelque chose » ou « M'quelque chose ». Elle me propose des patronymes qui correspondent à l'idée qu'elle se fait d'un nom typiquement Noir.

« Je croyais avoir entendu quelque chose comme N'doumbé, Ngozi, Mwana… Non ? »

Un de ces noms aurait pu être le mien, mais il se trouve que ce n'est pas le cas, ce qui la contrarie beaucoup.

« Ah bon, alors c'est votre vrai nom. » Le ton est

devenu sec, plus de sourire, le visage s'est fermé. « Vous êtes sûre ? »

Même vieux de plusieurs siècles, il me faut encore justifier de la légitimité de mon patronyme. Comme un vêtement volé, cette femme voudrait que je rende mon nom afin de remettre les choses dans l'ordre. « Rends ton nom de Blanc ! », semble-t-elle me dire. « Rends ton nom d'emprunt ! » Pour les gens comme elle, les gens comme moi sont un problème, ils dissimulent leur vraie Nature. Que les Noirs aient des noms de Noirs, les Juifs des noms de Juifs, les Arabes des noms d'Arabes, et les vaches seront bien gardées. Si Pouchkine et Dumas sont noirs, alors où va-t-on ? Le Noir comme le Musulman, le Juif, le Jaune… doit être reconnaissable à tout instant. Tout dans sa personne et son identité doit permettre de le distinguer de l'Honnête Citoyen. Si les pistes sont brouillées, c'est la catastrophe. Je repense à cette information lue il y a quelques années dans un journal : lors du génocide rwandais, les tueurs hutus de Kigali ne pouvaient pas venir prêter main-forte aux massacres dans les provinces car il leur arrivait trop souvent de tuer… des Hutus. Ils ne parvenaient pas à les distinguer des Tutsis. Si l'on ne voit pas les Tutsis, les Noirs, les Juifs, les Musulmans, les Jaunes…, si l'on ne les repère pas, on pourrait les prendre pour ce qu'ils sont, des Russes, des Français, des Rwandais, des Américains, des Suédois… Dans la France de Vichy, le Commissariat aux Questions juives faisait appel aux services d'un « expert » pour pouvoir identifier les Juifs. Georges Montandon, médecin et anthropologue, auteur d'une brochure édifiante : *Comment reconnaître le Juif ?*, avait mis au point un examen « ethno-racial » soi-disant imparable. Envoyé à Drancy pour examiner une femme dont on ne savait dire si elle était juive ou non, il effectue des mesures du visage, du front, des yeux, du nez, puis de tout le corps, cherchant un indice qui le mettrait sur la piste. Il écrit dans son compte rendu : « Pieds normalement cambrés. Face plutôt allongée. Pommettes normalement marquées. Nez fin un peu proéminent. » À la lecture de ses notes, on comprend que Georges Montandon, malgré sa technique « imparable », a du mal à trancher : « Expression générale du faciès : plus ou moins judaïque. Mimique pas judaïque au cours de l'examen. » La définition d'une « mimique pas judaïque » n'est malheureusement pas précisée dans le compte rendu.

« Qui est cette Noire au nom de Blanc ? »

Avec un nom comme le mien, on se retrouve souvent dans des situations où l'interlocuteur qui vous fait face doit trouver des raisons cachées pour justifier de ne pas vous louer l'appartement qui, pourtant, au téléphone, vous semblait promis. Avec un nom comme le mien, il faut qu'un employeur déploie des trésors d'invention pour justifier de ne pas vous embaucher alors que la lettre de motivation, à laquelle vous n'aviez pas joint de photo, semblait parfaitement correspondre au poste. Avec un nom comme le mien, il arrive souvent que l'on dise : « Ah, c'est drôle, je ne vous voyais pas comme ça. » Sous-entendant par là que je n'ai pas une voix de Noire. Or, c'est bien connu, les Noirs ont des voix particulières. C'est d'ailleurs pour ça qu'ils chantent bien.

Une Noire est donc un « meuble » Afro qui court vite, nage mal, mais chante bien.

Réfléchissez à la dernière fois que quelqu'un vous a dit « J'adore la musique Blanche ! » Vous ne trouvez pas ? C'est normal, ça n'est jamais arrivé. La musique Blanche, c'est comme la littérature Masculine, ça n'existe pas. On parle de musique ou de littérature sans adjectif. Et pour classer cette musique ou cette littérature, on utilise des catégories de style (classique, pop, rock, country, polar, aventure...), certainement pas la couleur de la peau ou le sexe de ceux qui la jouent ou l'écrivent. En revanche, impossible de compter le nombre de fois où j'ai entendu : « J'adore la musique Noire ! » Si, après cet aveu enthousiaste, on demande : « Laquelle ? », en général s'ensuit un grand silence d'incompréhension. À l'occasion, faites le test. La musique Noire, c'est comme la littérature Féminine, c'est une évidence pour tout le monde. Les Noirs jouent avec leur peau et les Femmes écrivent avec leur vagin. C'est simple.

Très souvent, pour justifier de la spécificité de la musique Noire, on explique : « quand un Noir fait de la musique, y a du rythme, y a de l'improvisation, c'est tout de suite spécial ». J'aime beaucoup ce que le musicologue anglais Philip Tagg répond à cette affirmation dans un texte intitulé *Lettre ouverte sur les musiques «noires», «afro-américaines» et «européennes»*: «En prenant "improvisation" dans le sens de faire de la musique sans consciemment essayer d'interpréter – de mémoire ou de lecture – une pièce préexistante ou une autre interprétation, il est difficile pour quiconque de dire qu'elle est plus propre aux Noirs qu'aux Blancs ou aux individus portant des chaussures de taille 42.»

1983. J'ai onze ans et, comme tout le monde au collège, je massacre joyeusement du Mozart, quelques classiques des Beatles et des standards de la chanson française, dans le but d'acquérir une vague oreille musicale. Qui, à l'Éducation nationale, a décidé que la flûte à bec serait le meilleur instrument pour nous conduire sur cette voie? Vendredi après-midi, jour J, heure H, dans la torpeur propre aux fins de semaine, c'est à mon tour d'interpréter *La Truite* de Schubert. Je me lance, et j'ai la sensation de faire quelque chose de bien, pas de fausse note, le tempo est à peu près bon. Il me semble que les heures passées à suer sang et eau sur ce morceau valaient la peine. Dernière mesure, je pose ma flûte et j'attends le verdict de madame Gassin, la prof de musique. Je suis impatiente et inquiète. Elle dit: «C'est bien, c'est très bien!», puis ajoute: «Ça ne m'étonne pas.» Je suis fière, très fière que madame Gassin ait placé tant d'espoirs en moi. Puis, elle se tourne vers mes camarades de classe et dit:

« Vous avez entendu ce qu'elle a fait ? Inspirez-vous-en, elle a le sens du rythme, ça vient de ses racines. » Il me faut un moment pour faire le lien entre mes « Racines » et Schubert, et comprendre que tout le temps passé à travailler ce morceau vient d'être annulé en une phrase. Mon travail n'a aucune importance, je suis Noire, par conséquent, je n'ai qu'à suivre ma pente Naturelle, la musique est une évidence, elle coule dans mes veines. Ce que dit madame Gassin, sans le savoir, c'est que je n'existe pas. En me renvoyant à mes « Racines », elle me retire toute singularité, induisant le fait que n'importe quelle Noire aurait pu faire pareil.

Une Noire est donc un « meuble » Afro qui court vite, nage mal, mais joue bien de la musique. Enfin, ça dépend. Pour certaines personnes, comme Dinesh D'Souza, politologue conservateur indo-américain, auteur d'un livre paradoxalement intitulé *La Fin du racisme : Principes pour une société multiraciale*, les Noirs ne peuvent jouer que de la musique… Noire. « Si les Noirs ont certaines aptitudes héritées, telles que la prise de décision improvisée, cela pourrait expliquer pourquoi ils prédominent dans certaines disciplines comme le jazz, le rap et le basket-ball, et pas dans d'autres comme la musique classique, les échecs et l'astronomie. »

Oui, mais qu'est-ce que la musique Noire ?

Il y a quelques années a eu lieu à Paris une

exposition intitulée « Great Black Music », sous-titrée « Les musiques noires dans le monde ». À l'entrée de l'exposition, au milieu des portraits de l'Américain Miles Davis (trompettiste de jazz), du Jamaïcain Bob Marley (chanteur, compositeur et guitariste de reggae), ou du Nigerian Fela Kuti (chanteur et saxophoniste inventeur de l'afro-beat), se trouvait celui de Jessye Norman, chanteuse lyrique américaine. Or, si Jessye Norman est noire, elle aura passé dans sa carrière de soprano l'essentiel de son temps à chanter les compositions de musiciens blancs comme Mozart, Wagner ou Beethoven. Alors, Jessye Norman fait-elle de la musique Noire ou de la musique Blanche ? Eh bien, visiblement, comme la « One drop rule », cette fameuse règle (établie par les ségrégationnistes du sud des États-Unis) qui voulait qu'une seule goutte de sang noir fasse de vous un Noir pour l'éternité, même cinq générations plus tard, ici, il semble que si un Noir fait de la musique, elle devient forcément Noire. Alors, qu'est-ce qu'une musique Noire ? C'est une musique faite par des Noirs. Peu importent le style, les pays ou les continents sur lesquels elle est produite, peu importe que les musiques se créent par échange et mélange, la musique Noire est Afro. D'ailleurs, quand on parle de musique Afro-américaine, inconsciemment on range les Noirs dans la partie Afro. Comme si les Américains noirs n'avaient « joué aucun rôle dans la création de la partie "américaine" de la musique "afro-américaine" », note Philip Tagg. Dans la même exposition, tout aboutissait à la conclusion que les

Noirs avaient quasiment inventé la musique, toute la musique. Toujours cette balance qui va du rien au tout. Les Noirs, comme tous les êtres en majucules, n'ont pas le droit d'être moyens ou communs, ils sont soit extraordinaires (arguments des défenseurs des Noirs, des Juifs, des Musulmans...) soit bons à rien (thèse des nationalistes), il n'y a pas d'entre-deux. Ainsi, il m'arrive régulièrement de croiser des personnes qui trouvent les Noirs « géniaux ». « Vous avez tout compris », me disent-ils alors. Le « vous » s'adressant à l'ensemble des Noirs. À charge pour moi de transmettre le message aux autres puisque, forcément, je les connais tous. Ces personnes qui « adorent » les Noirs – appelons-les « Noirs friendly » – se pensent ouverts d'esprit et tolérants, et utilisent régulièrement cet argument du « Noir génial » pour justifier de l'intérêt de l'antiracisme. C'est la vertu des êtres en majuscules qui explique qu'on les défende. La logique étant : il faut être gentil avec les Noirs, les Juifs, les Musulmans, les Jaunes, leur culture représente une telle richesse. Souvent, en plus de me trouver « géniale », les « Noirs friendly » ont beaucoup de peine pour moi. Ils croient réparer une faute, celle de l'esclavage, en se comportant comme si j'arrivais directement d'un champ de coton, et en m'offrant leur honte pour se faire pardonner. Le « Noir friendly » se fait alors « Blanc honteux », et les communautaristes s'en réjouissent. Ils apprécient plus que tout cette catégorie de personnes repentantes prêtes à admettre tout ce que vous dites sans questionner puisque vous êtes Noir, Juif, Musulman… et que vous avez beaucoup souffert. C'est à eux que Frantz Fanon s'adressait en écrivant : « Vais-je demander à l'homme blanc d'aujourd'hui d'être responsable des négriers du XVIIe siècle ? Vais-je essayer par tous les moyens de faire naître la culpabilité dans les âmes ? » Les communautaristes essaient, et ça marche.

Pour les « Noirs friendly », les « Blancs honteux » et les communautaristes, vous êtes Noir donc Victime et, de ce fait, vous avez raison, quoi qu'il arrive. La souffrance prime. C'est pourquoi, quand un jeune homme qui se croit Musulman écrit : « Les blancs vous devez mourir » ou « Faites entrer Hitler pour tuer les juifs » ou « Vive les PD, vive le SIDA avec Hollande », on entend seulement les commentaires nauséabonds de l'extrême droite et, autour, un grand silence en forme de cordon sanitaire. Personne pour condamner ces sorties abjectes. Personne pour considérer celui qui parle comme un être responsable et singulier. Les « Noirs friendly », les « Blancs honteux » et les communautaristes ne peuvent rien en dire, puisqu'on ne peut parler d'un seul sans parler de tous. Dire, ce serait pointer du doigt tout le groupe. Alors, bouche cousue. Dans le silence des « Blancs honteux », j'entends distinctement l'écho de la Race, car lorsque ces propos sont tenus par des Blancs, ces mêmes personnes n'ont aucun mal à les qualifier pour ce qu'ils sont, des propos homophobes, antisémites et racistes. Mais, dans ce cas précis, dire, ce serait accuser une Victime. Alors, silence.

Les « Noirs friendly » me font penser à ces hommes

qui « adorent » les femmes. Elles nous sont tellement supérieures ! disent-ils à l'envi. Ils les voient comme des êtres à part et s'envisagent à distance de ceux et celles qu'ils aiment tant. Raison pour laquelle, tout comme les « Noirs friendly », les « Adorateurs des Femmes » peuvent faire des tribunes enflammées pour les défendre tout en ne remarquant pas qu'ils évoluent la plupart du temps dans des environnements dépourvus de femmes ou de personnes non blanches. Trop occupés à les envisager comme des êtres spéciaux qui ont des problèmes particuliers, les « Noirs friendly » ou les « Adorateurs des Femmes » s'organisent inconsciemment dans l'idée qu'ils n'ont pas de raison légitime de se sentir aussi concernés que le groupe auquel le problème renvoie. Il existerait des « problèmes de Femmes », des « problèmes de Musulmans », des « problèmes de Noirs, de Juifs, de Jaunes… » dont seuls les Femmes, les Noirs, les Musulmans, les Juifs et les Jaunes pourraient dire quelque chose. Des problèmes qui seraient donc liés à leur Nature, pas à la culture. Par exemple, lorsqu'on lit dans les journaux : « Les femmes sont payées 25 % de moins », on installe l'idée qu'il s'agit là d'un « Problème de Femmes ». C'est donc autoriser que l'on puisse dire : N'y aurait-il pas, chez les Femmes, quelque chose qui justifierait qu'elles ne soient pas mieux payées ? Et une fois qu'on en est là, des raisons, on en trouve. On en trouve même beaucoup. Ne seraient-elles pas moins compétentes, moins endurantes ? Et puis, très vite, arrive cette raison ultime et imparable, les Femmes font des enfants, alors forcément, elles ne peuvent pas être aussi disponibles que les hommes. Et même si une Femme ne fait pas d'enfant, elle pourrait en faire, ce qui revient au même. La réflexion ne porte plus sur l'organisation d'une société mais sur la Nature des femmes. Le questionnement serait sûrement différent si on disait: «Les hommes sont payés 25 % de plus.» Il faudrait alors se demander pourquoi. Il faudrait trouver ce qui peut bien justifier chez les hommes cette supériorité salariale et, alors, on serait obligés de constater que tout ça est simplement le fait du prince, premier arrivé, premier servi. La nature n'a rien à voir là-dedans, pas plus que la compétence d'ailleurs. Mais le pouvoir, oui. Peut-être que si le monde avait été un matriarcat, les femmes s'en seraient octroyé la meilleure part. Peut-être qu'elles auraient les meilleurs postes, les meilleurs salaires. Peut-être même que les femmes auraient choisi de placer leur honneur entre les jambes des hommes, condamnant ces derniers à rester vierges jusqu'au mariage pour prouver la haute tenue morale de toute leur famille. Peut-être.

«Des notions de race et de sexe, on peut dire qu'elles sont des formations imaginaires, juridiquement entérinées et matériellement efficaces», écrit la sociologue Colette Guillaumin dans son ouvrage *L'Idéologie raciste*.

S'il est un sujet qui emplit notre imaginaire, c'est bien la sexualité. Comme beaucoup de gens, je pense que les hommes noirs ont un grand sexe. Pas spécialement parce que j'aurais vu des noirs avec un grand sexe, mais parce que c'est ainsi. Si je pense Noir, je pense grand sexe. Et je ne suis pas la seule. « Le nègre est un être hilare au pénis démesurément long », écrivait déjà Claude Galien, anatomiste, au IIe siècle après J.-C. C'est dire. Que les scientifiques aient prouvé, depuis un certain temps déjà, que la couleur de la peau ne fait pas la taille du sexe n'y a visiblement rien fait. Le fantasme du Noir avec son grand appendice est toujours présent.

Il y a peu, j'ai réalisé quelque chose auquel je n'avais jamais pensé : la Noire aussi a un grand sexe. Trois jeunes femmes qui étaient assises non loin de moi dans un restaurant parlaient des hommes. L'une a dit : « Je n'ai jamais couché avec un Jaune, enfin tu vois, un Asiatique quoi. — Moi, c'est avec un Noir que je n'ai jamais couché », a dit la seconde. « Ah bon ? » a dit la première d'un air un peu étonné. Était-ce parce que la fille qui disait n'avoir jamais couché avec un Noir n'était pas blanche (elle n'était pas noire non plus) ou pour une autre raison qui tenait à la vie sexuelle de cette jeune femme, je n'aurais su le dire. Toujours est-il que la troisième a dit : « Ah ouais mais les Noirs, merci quoi, faut pouvoir, parce que bon, ils sont équipés. Les Noires elles, elles peuvent, mais c'est parce qu'elles ont des vagins plus longs. » « Ah bon ? » a dit l'autre amie. « Bah, oui, c'est comme pour les Asiatiques, elles ont des vagins plus courts, c'est prévu pour. » Je réalisai à cet instant que je possédais moi aussi un sexe immense.

La Noire est donc un « meuble » Afro qui court vite, nage mal, chante bien et possède un grand sexe. Mais il n'est pas menaçant car c'est un sexe de femme. Celui des hommes Noirs, c'est autre chose.

Au début de l'année, un jeune Américain tout blond avec des yeux tout bleus a été condamné à la peine de mort. Ce jeune homme Blanc Blond aux yeux Bleus est entré dans l'église de Charleston, au sud des États-Unis, fréquentée par d'autres Américains, noirs. Il a sorti une arme, et a tiré en disant « Vous devez partir ». Il a aussi dit « Vous violez nos femmes ». Car les Noirs font ça, ils violent les femmes, les femmes Blanches uniquement, c'est dans leur Nature. Ils ont ce point commun avec les Arabes, les Mexicains… bref, les Étrangers. Les Êtres en majuscules sont toujours Étrangers. L'Étranger, c'est celui qui n'est pas vous, et veut ce que vous avez de plus précieux, votre Femme et votre Argent, ou l'inverse. Pendant sa campagne, le candidat Donald Trump a dit : « Quand le Mexique nous envoie des gens, il ne nous envoie pas les meilleurs. Il n'envoie pas des gens comme vous. Il envoie des gens qui ont beaucoup de problèmes, et qui apportent leurs problèmes avec eux. Ils viennent avec de la drogue. Ils amènent de la criminalité. Ce sont des violeurs. » Donald Trump a été élu.

La sexualité de l'Étranger est elle-même étrange, elle intrigue et inquiète. Quand j'étais petite, il y avait une rumeur sur la « Traite des Blanches ». Elle était née des années plus tôt, mais continuait sa route.

1969. La rumeur part d'Orléans. On dit que des commerçants Juifs du centre-ville se livrent à un trafic, la « Traite des Blanches ». Ils piègent des jeunes femmes dans les cabines d'essayage de leurs magasins puis les droguent, et les font partir, la nuit, par bateaux, vers les maisons closes de pays lointains. La folie s'abat sur la ville, on boycotte les boutiques et on menace les propriétaires. Le fait que la police annonce qu'il n'y a eu aucune disparition signalée n'éteint absolument pas le phénomène, bien au contraire. On accuse les commerçants d'avoir acheté les policiers avec de l'or, celui amassé grâce à la « Traite des Blanches ». « Je sais que de toute manière, je n'irai plus essayer une robe chez les Juifs », dit tranquillement une jeune Orléanaise au journaliste qui l'interviewe pour la télévision. Une jeune fille blonde acquiesce : « J'ai travaillé chez des Juifs, je sais comment ça se passe. » Tout le monde n'a plus que ce mot-là à la bouche, « Traite des Blanches ». La rumeur gagne Grenoble. D'autres femmes auraient été enlevées, toujours dans des magasins tenus par des Juifs, toujours le même procédé. Puis c'est Paris et les cabines d'essayage des magasins Tati. Je me revois, petite fille, luttant contre l'ennui, pendant que ma mère essaie des robes. Dans la cabine d'à côté, une voix l'interpelle : « Je vous signale que je suis là, juste au cas où. Comme ça, s'il m'arrive quelque chose, vous pourrez témoigner. » Le ton de la voix est un mélange d'inquiétude et d'excitation. On sent qu'il se passe quelque chose d'exceptionnel. Ma mère répond : « Oui vous avez raison, on n'est jamais assez prudent. » Dès lors, les femmes des autres cabines se manifestent à leur tour. Des voix s'élèvent d'un peu partout, chacune signalant aux autres sa présence. Tout Tati bruisse. Une fois l'essayage terminé, elles sortent, et il est assez drôle de constater qu'il y a des femmes de toutes les couleurs mais que toutes pensent pouvoir être victimes de la « Traite des Blanches ». Le dénominateur commun n'est plus la couleur de peau des kidnappées, mais la religion des prétendus kidnappeurs. La rumeur devient un fait, elle s'installe, et ça ne m'étonnerait pas que certaines personnes y croient encore.

Mais retournons vers l'homme, celui avec l'arme, celui qui est dans l'église. Dylan Roof est son nom. Il parle à ces Américains noirs, il leur dit qu'il veut faire partie de leur groupe de prière. Il est vingt heures. Les paroissiens acceptent, ils ouvrent le cercle pour faire une place au jeune Américain Blanc, Blond aux yeux Bleus. Il s'assoit, prend une bible, écoute et prie ou fait semblant de prier, ça, nous n'en savons rien. Tout cela dure un peu plus de quarante minutes. Puis, Dylan Roof se lève, sort un calibre .45 et dit, tout en tirant sur ces hommes et ces femmes noirs qui l'ont accueilli : « Vous violez nos femmes et vous vous emparez de notre pays, vous devez partir. » Dans l'action, il accorde une attention toute particulière à une femme de quatre-vingt-sept ans, Susie Jackson. Pour une raison que nous ne connaissons pas, il pense qu'elle doit mourir plus que les autres, il pense qu'une seule balle ne suffit pas. Alors, il tire encore et encore sur Susie Jackson. Tout ça ne prend que quelques minutes. Huit personnes meurent sur le coup, quatre sont blessées, soixante-dix-sept balles sont tirées. À vingt et une heures, Dylan Roof sort et s'éloigne, calmement. Il dira plus tard qu'il a fait « son devoir », et que « son devoir » c'était de « tuer des Noirs », ces êtres dangereux qui violent les femmes Blanches et ne sont pas d'ici. Sur la page Facebook de Dylan Roof, on a trouvé des photos de lui portant une cagoule du Ku Klux Klan et un blouson avec un drapeau de l'Afrique du Sud pro-Apartheid brodé dessus. Dylan Roof croyait aux Noirs.

En France, il y a quelques mois, un couple de septuagénaires a été frappé et séquestré par trois hommes : « Vous êtes Juifs », leur ont-ils dit, « nous savons que les Juifs ont beaucoup d'argent et vous allez nous donner ce que vous avez. » Après des heures de violence, les agresseurs sont partis avec quelques bijoux et une carte bleue. Ces trois hommes croient que les Juifs existent.

Dans un métro canadien, deux hommes ont été poignardés à mort et un troisième grièvement blessé en s'interposant pour protéger deux jeunes filles musulmanes. Leur agresseur, un suprémaciste blanc, a déclaré lors de sa comparution : « Vous appelez ça du terrorisme. J'appelle ça du patriotisme. » Cet homme croit que les Musulmans existent.

Dans une rue de banlieue parisienne, trois garçons

de quinze, dix-sept et dix-neuf ans ont attaqué Zang Chaolin, un couturier chinois de quarante-neuf ans, convaincus que leur victime possédait forcément de l'argent puisqu'elle était Chinoise. Frappé au cours de l'agression, Zang Chaolin est mort après cinq jours de coma. Dans son sac, il avait un chargeur de portable et des bonbons. Ses trois agresseurs croyaient, et croient peut-être encore, que les Jaunes existent.

Et puis Charlottesville, et puis l'attentat de la mosquée de Québec, et puis, et puis, et puis… Des agresseurs de toutes les couleurs, toutes les religions, mais avec un point commun : tous croient à la Race. La Race est la mort de l'autre par essence, elle implique la destruction, l'élimination. Si l'autre est un objet, le tuer n'est plus un problème. « Il faudrait l'enterrer vivante », ai-je lu à mon sujet sur la page d'une militante communautariste noire. Une femme qui pense que si nous ne sommes pas d'accord, c'est bien la preuve que je ne suis pas une vraie Noire, donc que je suis Blanche, donc que je dois mourir.

Vous souvenez-vous de l'instant où vous avez compris que le Père Noël n'existait pas ? La sensation que le sol se dérobe soudain sous vos pieds. Ce bonhomme sympa avec une barbe blanche et un costume rouge, ce type jovial qui ne se déplaçait qu'en traîneau volant et préférait les cheminées aux portes, cet homme aimable, qui vivait avec des rennes et des lutins, n'existerait pas ? Comment était-ce possible, vous l'aviez vu, vous vous étiez même assis sur ses genoux au supermarché, c'était bien la preuve qu'il existait. Cet être adorable qui, chaque année, faisait les mêmes gestes avec la même régularité, donnant la sensation rassurante que les choses sont simples, immuables, prévisibles, cet homme-là n'existerait pas ? Impossible. Tout simplement impossible. Seulement, les preuves ont continué à s'accumuler et la vérité est apparue, brutale, tranchante, inéluctable : le Père Noël n'existe pas ! Tout un monde se redessinait, un monde où, désormais, lorsque l'on voudrait faire un cadeau à quelqu'un, il faudrait en être responsable, il faudrait choisir, décider, payer, emballer, porter le paquet jusqu'au pied du sapin puis assumer les regards émerveillés ou déçus. Désormais, il faudrait être libre de ses choix et auteur de ses actes puisque aucune instance magique ne pourrait plus les endosser. Il faudrait abandonner les cheminées, les rennes volants, les lutins emballeurs de cadeaux, dire adieu à la simplicité et à la magie, pour entrer dans un univers complexe. Sortir de l'illusion pour faire « l'expérience de la réalité ». Le glas avait sonné et toute une cohorte de petits êtres pas plus hauts que quelques pommes venait d'entrer dans le monde des « grands ». « Je » n'était plus un autre, extérieur, lointain. « Je » devenait « Moi », une promesse, un défi. Eh bien, cette sensation que tout finit et tout commence est à peu près la même que celle que j'ai ressentie le jour où j'ai compris que les Noirs n'existaient pas. Comme le Père Noël, les Noirs (et tous ceux dont on peut parler en ayant l'illusion qu'en mettant une majuscule on a tout dit d'eux, les Juifs, les Musulmans, les Roms, les...), sont rassurants, parce qu'ils donnent l'impression qu'au moins, cet aspect du monde est maîtrisé. Ils mettent de l'évidence là où personne n'est sûr de rien. Comme le Père Noël, les Noirs et tous les êtres en majuscules sont toujours comme on croit qu'ils sont. Ils permettent d'oublier que le rapport à l'Autre est incertain, inmaîtrisé, inmaîtrisable. Alors, si aujourd'hui vous êtes parvenus à ne plus croire au Père Noël, si vous avez réussi à vous remettre de cette désillusion enfantine, nul doute que vous pourrez faire face, haut la main, à ce nouveau défi : cesser de croire que les Noirs, et tous les êtres en majuscules, existent.

BIBLIOGRAPHIE

Pour *Noire* :

Marisa CHAPELL, Jenny HUTCHINSON and Brian WARD, *Gender and the Civil Rigths Movement*, edited by Peter J. Ling and Sharon Monteith, New Brunswick, New Jersey, Rutgers University Press, 2004.

Jo Ann GIBSON ROBINSON, *The Montgomery Bus Boycott and the Women who Started it*, Knoxville, The university of Tennessee Press, 1987.

Fred GRAY, *Bus Ride to Justice*, Montgomery, NewSouth Books, 2002.

Phillip HOOSE, *Claudette Colvin. Twice toward Justice*, New York, Square Fish, 2009.

Troy JACKSON, *Becoming King. Martin Luther King, Jr. and the Making of a National Leader*, Lexington, The University Press of Kentucky, 2008.

The Papers of Martin Luther King Jr. Vol III. Birth of a New Age. December 1955-December 1956, Berkeley, Los Angeles, University of California Press, 1997.

The Papers of Martin Luther King Jr. Vol IV. Symbol of the Movement. January 1957-December 1958, Berkeley, Los Angeles, University of California Press, 2000.

Danielle L. MCGUIRE, *At the Dark End of the Street*, New York, Vintage Books, 2010.

Rosa PARKS with Jim HASKINS, *Rosa Parks. My Story*, New York, Puffin Books, 1992.

Cheryl PHIBBS, *The Montgomery Bus Boycott. A History and Reference Guide*, Santa Barbara, ABC-CLIO Greenwood, 2009.

Jeanne THEOHARIS, *Want to Start a Revolution ? Radical Women in the Black Freedom Struggle*, edited by Dayo F. GORE, Jeanne THEOHARIS and Komozi WOODARD, New York, New York University Press, 2009.

Horace Randall WILLIAMS and Ben BEARD, *This Day in Civil Rights History*, Montgomery, NewSouth Books, 2009.

Donnie WILLIAMS with Wayne GREENHAW, *The Thunder of Angels. The Montgomery Bus Boycott and the People who Broke the Back of Jim Crow*, Chicago, Lawrence Hill Books, 2006.

Pour *L'Assignation* :

Raymond BACH, *L'Identification des juifs : l'héritage de l'exposition de 1941, « Le Juif et la France », Revue d'histoire de la Shoah*, 173, 2001.

James BALDWIN, *La Prochaine Fois le feu*, Paris, Gallimard, 1996.

James BALDWIN, *Notes Of A Native Son*, Boston, Beacon Press, 2012.

Colette CAPITAN, *La Nature à l'ordre du jour 1789-1793*, Paris, Éditions Kimé, 1993.

Ta-Nehisi COATES, *Une colère noire. Lettre à mon fils*, Autrement, 2016.

Kenneth COUTTS-SMITH, *Some General Observations on the Problem of Cultural Colonialism* in *Myth of primitivism*, introduced and compiled by Susan Hiller, London, New York, Routledge, Taylor & Francis Books, 1991.

Frederick DOUGLASS, *Mémoires d'un esclave*, Montréal, Lux éditeur, 2007.

Frantz FANON, *Peau noire, Masques blancs*, Paris, Éditions du Seuil, 1952.

Frantz FANON, *L'An V de la révolution algérienne*, Paris, La Découverte, 2011.

Karen E. FIELDS and Barbara J. FIELDS, *Racecraft. The Soul of Inequality in American Life*, London, New York, Verso, 2012.

George M. FREDRICKSON, *The Black Image in the White Mind. The Debate on Afro-American Character and Destiny 1817-1914*, Middletown, Wesleyan University Press, 1987.

Colette GUILLAUMIN, *L'Idéologie raciste*, Paris, Gallimard, 2002.

Yannick HAENEL, *Jan Karski*, Paris, Gallimard, 2009.

Hannah HARENDT, *Eichmann à Jérusalem*, Paris, Gallimard, 1991.

Jean HATZFELD, *La Stratégie des antilopes*, Paris, Éditions du Seuil, 2007.

Jean HATZFELD, *Une saison de machettes*, Paris, Éditions du Seuil, 2003.

Françoise HÉRITIER, *Masculin, Féminin. La pensée de la différence*, Odile Jacob Poche, Paris, 2012.

Edgar HILSENRATH, *Fuck America*, Paris, éditions Attila, 2009.

Nicolas MARTIN BRETEAU, « *Un laboratoire parfait* » *? Sport, race et génétique : le discours sur la différence athlétique aux États-Unis*, dans *Sciences sociales et sport*, n° 3, juin 2010, L'Harmattan.

Edited by Patrick MILLER, David K. WIGGINS, *Sport and the Color Line. Black Athletes and Race Relations in Twentieth-Century America*, London, New York, Routledge, Taylor & Francis Books, 2004.

Toni MORRISON, *Beloved*, Paris, Christian Bourgois éditeur, 1989.

Jeffrey T. SAMMONS, « *Race* » *and Sport : A Critical*

Historical Examination, in *Journal of Sport History*, vol 21, n° 3 (Fall 1994), University of Illinois Press.

Susan SCAFIDI, *Who Owns Culture ? Appropriation and Authenticity in American Law*, New Brunswick, New Jersey, Rutgers University Press, 2005.

Justin SIMIEN, *Dear White People. A Guide to Inter-racial Harmony in a "Post-racial" America*, New York, 37 INK/ Atria Books, 2014.

Philip TAGG, *Lettre ouverte sur les musiques «noires», «afro-américaines» et «européennes»*, revue *Volume !*, septembre 2005.

Pierre-André TAGUIEFF, *La Couleur et le Sang. Doctrines racistes à la française*, Paris, Éditions Mille et Une Nuits, 2002.

Table

PAPIER À BASE DE FIBRES CERTIFIÉES

Le Livre de Poche s'engage pour l'environnement en réduisant l'empreinte carbone de ses livres. Celle de cet exemplaire est de :
400 g éq. CO_2
Rendez-vous sur www.livredepoche-durable.fr

Composition réalisée par Soft Office

Achevé d'imprimer en août 2022 en Espagne par
Liberdúplex - 08791 Sant Llorenç d'Hortons
Dépôt légal 1re publication : août 2022
LIBRAIRIE GÉNÉRALE FRANÇAISE
21, rue du Montparnasse – 75298 Paris Cedex 06

85/7279/6